책머리에

생각의 틀을 조금만 바꾸어 새롭게 생각해 보세요!

전쟁이 끊이지 않던 중국 전국 시대 때, 금값이 마구 치솟고 곡식값이 형편없이 내려갔습니다. 이때 열심히 금붙이를 사들이는 사람들과는 달리 곡식을 사들이는 이가 있었어요. 얼핏 보면 바보 같은 짓이었지요. 하지만, 전쟁이 점점 길어지면서 식량 부족 현상이 나타나 곡식값이 치솟고 금값이 내려갔습니다. 물론 그 사람은 어마어마한 돈을 벌었지요.

소문을 들은 한나라의 제1대 황제 고조가 그를 불렀습니다.

"이렇게 어지러운 시기에 큰돈을 모은 비결이 무엇인가?"

"네, 원칙에 충실하게 살고 정세를 잘 판단해 물건을 사고팔아 이윤을 얻었기 때문입니다."

"호, 그렇소?"

고조는 다시 물었어요.

"그런데 정세를 잘 판단한다는 것은 어떤 것인가?"

"네, 사람들은 대개 비슷한 생각을 합니다. 하지만 저는 사람들과 달리 생각합니다. 저는 그것을 '역발상'이라고 합니다."

역발상은 완전히 새로운 생각을 해내는 것을 말하지 않습니다. 오랫동안 있어 왔던 것, 인정받아 왔던 생각들, 이렇게 새로울 것이 전혀 없는 일상 속에서 아이디어를 만들어 내는 것을 말합니다. 우리의 굳어진 생각의 틀을 조금 바꾸어 새롭게 생각해 보는 것이지요. 특히 요즘같이 세계 경제가 어려울 때일수록 독특한 아이디어가 필요합니다.

　요즘에는 사람들의 눈길을 사로잡을 수 있는 엉뚱한 발상으로 탄생된 역발상 제품과 멋진 아이디어를 흔히 볼 수 있습니다.

　우리도 학교에서 공부할 때나 친구들과 뛰어놀 때, 집에서 생활할 때 재미있는 생각을 머릿속에서 이끌어 낼 수 있었으면 좋겠네요. 문득 떠오르는 엉뚱한 아이디어를 그냥 흘려버리지 말고 생활 속에 적용해 보면 좋겠습니다. 세상을 이롭게 하는 훌륭한 아이디어는 멀리 있지 않답니다.

―엮은이 김이리―

차례

1. 색깔이 아니고 생각이에요 …8

2. 잔디 대신 보리로 …16

3. 합격 사과 …22

4. 스님에게 빗 팔기 …27

반짝정보 전쟁과 발명 …32

5. 법을 지키지 않아도 좋은 사람 …34

6. 무거운 옷은 싫어 …39

7. 질문에 답이 되었는가? …46

8. 링컨과 스탠턴 …53

깜짝만화 9. 안전한 면도기 …60

10. 주머니에 감기를 넣지 마세요 …62

11. 생쥐와 디즈니 만화 …68

12. 양이 적게, 더 적게 …75

13. 물을수록 비싸집니다 …82

14. 그보다 더 긴 줄로 …86

15. 따로따로 바꿔 달면 …91

반짝정보 인기 캐릭터들 다 모여라! …98

16. 천막 천으로 만든 청바지 …100

17. 엄벙덤벙 우리 아내를 지켜라 …109

18. 음~♬, 음~♪ 향기가 좋아요 …116

19. 나는 충분하고 그대는 모자라니 …122

20. 고르디움의 매듭을 풀어라 …128

21. 사과 과수원에서 딴 이름 …135

깜짝만화 22. 종이 쇼핑백에 담긴 효성 …142

23. 나머지 신발 한 짝이 없으면 …144

24. 마음에서 나오지요 …150

25. 향기가 떠다니네요 …156

26. 쓰레기를 예술로 …165

27. 산들바람에도 휘어지는 풀잎 …171

28. 직원이 화나면 고객을
　　　　　감동시킬 수 없지요 …179

생각하게 만드는 사고력 훈련 동화

1. 색깔이 아니고 생각이에요

애틀랜타
미국 동남부 조지아 주 북쪽의 상공업 도시

모퉁이
어떤 지역의 가장자리가 되거나 구석진 곳

대개
절반이 훨씬 넘어 전체 량에 거의 가까운 수효. 대부분

　데니 애덤스는 미국America 애틀랜타* 시 5번가 한 모퉁이*에서 고무풍선balloon을 팔았습니다.
　"풍선에 꿈dream을 담아 날려 보세요!"
　풍선을 사는 사람들은 대개* 엄마의 손hand을 잡고 나오는 어린이들이었어요. 데니는 아이들을 참 좋아했거든요. 아이들이 모이면 풍선만을 파는 것이 아니라 재미있는funny 옛날이야기도 해 주며 함께 즐거운 時間시간을 갖곤 했어요. 아이들이 좋아할 만한 이야기를 찾느라 서점에도 가고 圖書館도서관에도 들렀지요. 우울한 얼굴로 왔던 아이들이 데니의 이야기를 들으면서 얼굴face이 활짝 밝아지는 것을 보면 데니의 마음도 활짝 피어났습니다.

　★ 미국의 정식 영어 이름은 United States of America입니다.

그런데 나라 經濟경제가 나빠지더니 장사가 영 신통치 않았어요. 하루에 풍선을 서너 개도 팔지 못하는 날이 계속되자continue 데니의 마음도 불안해졌습니다.

*서너: 수량이 셋이나 넷임.

'풍선 파는 일을 그만둬야stop 하나? 다른 일을 찾아야 하나?'

아무리 어린이들이 좋아서 시작한 일이지만 生活생활이 안 되는데 이 일을 계속할 수는 없었습니다.

'아, 어린이에게 꿈과 희망을 주는 풍선 장수가 되고 싶었는데……. 난 정말 이 일을 계속하고 싶어. 사람들의 눈길을 모을 좋은 방법이 없을까?'

데니는 여러 가지 궁*리 끝에 색깔color이 있는 풍선을 만들어 보았습니다.

*궁리: 이리저리 따져 깊이 생각함.

'그래! 빨강, 파랑, 노랑…이렇게 예쁜 풍선이라면 아이들뿐만 아니라 어른들의 파티party 등에도 쓸 수 있지 않을까?'

데니의 생각은 맞아떨어졌습니다.

하늘로 오색 풍선을 띄우자 아이들의 손을 잡고 온 어른들까지도 호기*심curiosity에 몰려들었지요.

*오색: 여러 가지 빛깔

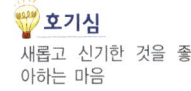
*호기심: 새롭고 신기한 것을 좋아하는 마음

"와, 예쁘다! 빨강 풍선 하나 주세요."

"난 노랑 풍선 두 개 줘요."

"우리 가게shop를 새로 꾸미게 색깔별로 5개씩 주세요."

어른들도 풍선을 사기 시작하는 것이었어요.

데니가 다시 아이들에게 이야기를 들려주어도 될 만큼 장사가 잘되었습니다.

'아, 多幸다행이다. 정말 잘되었어.'

데니의 주위에는 늘 동네 아이들이 몰려들었고 웃음소리로 활기찼습니다.

그런데 어느 날, 웃음기가 없는 한 黑人흑인 남자아이가 데니의 눈 속에 들어왔어요. 그 아이는 아주 슬퍼sad 보이는 우울한 표정을 짓고 있었습니다.

장사를 마치고 데니가 집에 가려고 하는데 그 남자아이boy가 물었습니다. 다른 아이들은 다 돌아가고 공터에는 데니와 그 흑인 아이뿐이었지요.

"아저씨, 왜 검정black 풍선은 없나요?"

데니는 아이의 말에 깜짝 놀랐습니다.

"응? 뭐라고?"

"빨강 풍선도 있고, 파랑 풍선도 있고, 노랑 풍선도 있는데 검정색만 없어서요. 풍선도 검정색을 싫어하나요hate?"

웃음기
웃음의 흔적. 웃으려는 기색

공터
집, 밭 등이 없는 비어 있는 땅

데니는 잠시 할 말을 잃어버렸습니다. 데니는 가방bag을 정리하던 손을 멈추고 흑인 아이와 마주 앉았어요.

아이는 폭포수처럼 많은 말을 쏟아 놓았습니다.

"저는 그게 늘 이상했거든요. 왜why 검정 풍선은 없을까요? 검정 풍선은 다른 풍선들처럼 하늘sky로 높이높이 날아가지 못하나요? 색깔이 검기 때문에요? 사람들은 모두 검은 것을 싫어하잖아요. 白人백인들이 우리를 差別차별하는 것도 얼굴이 검기 때문이지요? 나는 모두가 싫어하는 흑인이기 때문에 아무것도 할 수가 없어요. 그렇지요? 키도 작고 피부skin 색깔도 검으니까 쓸모없는 사람이 될 게 뻔해요."

흑인 아이는 希望희망도 꿈도 잃어버린 채 마음이 아파서 눈물을 흘렸습니다.

데니는 말없이 아이를 품에 안아 주며 말했어요

"영리한smart 꼬마야, 왜 그런 말도 안 되는 소리를 하니?"

"검은 풍선도 하늘을 날 수 있나요? 검은 풍선도 한번 날려 보세요. 한 번만요!"

"오냐, 알았다. 내가 검은 풍선을 만들어 주마."

"정말요really?"

폭포수
낭떠러지에서 곧장 떨어지는 물

차별하다
등급, 수준 등의 차이로 구별하다.

영리하다
눈치가 빠르고 똑똑하다.

아이는 눈을 반짝이며 데니를 바라보았습니다. 데니는 아이의 머리head를 쓰다듬어 주며 말했어요.

"애야, 넌 정말 총명해 보이는구나. 그러나 잘못 알고 있단다. 검은 풍선도 얼마든지 하늘 높이high 날아갈 수가 있어. 왜냐하면 고무풍선은 풍선의 색깔이나 풍선의 크기에 의해서 하늘에 오르는 것이 아니거든. 고무풍선 속에 든 空氣공기의 힘energy에 의해서 떠오르는 거야. 마찬가지로 사람도 그 사람의 얼굴이 희든 검든 아무 상관이 없단다. 또 잘났든 못났든, 많이 배웠든 적게 배웠든, 키가 크든 작든 역시 아무 문제가 되지 않는단다. 그 사람이 어떤 생각을 품고 살고 있는가에 따라서 成功성공할 수도 있고 失敗실패할 수도 있는 거지."

데니는 소년의 머리를 어루만지며 상냥하게 말해 주었습니다. 이 영리한 흑인 소년이 마음 아파하며 눈물을 흘리는 것이 정말 싫었거든요.

"아저씨, 그럼 얼굴이 까만 저도 하늘 높이 날 수 있을까요?"

"물론of course! 물론이고말고! 희망을 갖고 노력하면 된단다. 그리고 아저씨 같은 풍선 장수도 결코 不幸불행하지 않단다. 아저씨는 너희들을 만날 수 있어서 너무나 幸福행복한걸!"

총명하다
똑똑하고 재주가 있다.

어루만지다
가볍게 쓰다듬다.

색깔이 아니고 생각이에요

데니는 다음에 그 마을village에 갈 때 일부러 검정 풍선을 만들어 가지고 갔지요. 윤이 나는 검정 풍선에 예쁜 그림picture을 넣어 화사해 보이는 풍선을 하늘 높이높이 날려 주었습니다.

데니와의 이야기를 통해 그 흑인 소년은 마음에 희망을 가지게 되었습니다. 그리고 데니의 말을 새기며 열심히 공부하고study 노력했습니다. 그 結果결과 세계적인 위대한 흑인 지도자leader가 될 수 있었지요.

그 눈물 많은 흑인 소년은 미국 인권 운동을 이끌어 노벨 평화상을 받은 마틴 루서 킹 목사랍니다.

화사하다
화려하게 아름답다.

지도자
어떤 방향으로 남을 가르쳐 이끄는 사람

인권
사람으로서 마땅히 누려야 할 자유·평등 등의 기본적 권리

마틴 루서 킹(1929~1968)

미국의 침례교 목사이자 흑인 인권 운동가. 비폭력주의의 원칙을 지키면서 흑인 차별 철폐 운동에 앞장섰으며 1964년에 노벨 평화상을 수상했다.

알아두면 굿, 굿!

오늘날에는 사람들의 의식이 많이 바뀌어 차별과 편견이 거의 없는 열린 사회가 되었어요. 다민족 사회가 되었기 때문이기도 하고요. 세계에서 가장 영향력 있는 국가인 미국의 대통령에 흑인이 당선되는 놀라운 일이 일어나는 것만 보아도 얼마나 사람들의 의식이 바뀌었는지 알 수 있지요.

사람의 가치는 겉모습이나 환경이 아니라 그의 마음과 생각으로 평가되어야 한다는 것을 잊으면 안 되겠어요. 내가 어떤 사람이 되는가는 어떤 생각을 하며 살아가느냐에 따라서 달라지는 거예요. 좋은 생각을 하면서 하루하루를 보람차게 채워 나가도록 노력해야겠습니다.

생각하게 만드는 사고력 훈련 동화

2. 잔디 대신 보리로

유엔군
국제 연합 회원국들의 군 병력으로 편성한 군대. 국가 간의 침략을 방지할 목적으로 조직하였다. = 국제 연합군

피난
전쟁이나 천재지변 등 재난을 피해 멀리 옮겨 가는 일

사절
나라를 대표하여 외국에 파견되는 사람

휑하다
넓은데 속이 비어 몹시 허전하다.

어느 겨울날 유엔군 사령부에서 현대 건설의 정주영 會長회장에게 급한 연락을 해 왔습니다. 그때는 6·25 전쟁war 때로 정 회장은 부산에 피난을 가 있었어요.

"무슨 일이십니까?"

"네, 급한 일이 생겨서 연락을 드렸습니다. 부산의 유엔군 묘지에 세계world 각국의 유엔군 사절들이 訪問방문하기로 되어 있습니다. 그런데 묘지cemetery가 너무 휑합니다. 묘비만 덩그러니 서 있을 뿐, 나무tree 한 그루, 풀 한 포기 없지 않습니까. 이렇게 썰렁하게 해 놓고 귀한 손님guest들을 모시려고 하니 마음이 편치 않습니다."

정 회장이 보기에도 묘지는 너무 썰렁했습니다.

"묘지에 잔디를 깔 수 없을까요?"

그건 不可能불가능한 일이었습니다. 지금은 한겨울인데 어디에 가서 묘지 전체에 깔 잔디를 구하겠습니까?

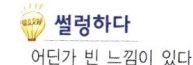
썰렁하다
어딘가 빈 느낌이 있다.

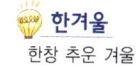
한겨울
한창 추운 겨울

"아무래도 어렵겠지요difficult? 답답하다 보니 제가 말도 안 되는 생각을 한 것이지요?"

그러나 정 회장은 고개를 저으며 말했습니다.

"아닙니다. 생각하기 나름 아닙니까. 푸른green 풀밭으로만 만들어 드리면 되겠습니까?"

"그럼요, 무조건 푸르기만 하면 됩니다. 그러면 묘지가 묘지답게 보일 테니까요."

"제가 할 수는 있습니다. 그러나 서둘러야 하고 워낙 많은 사람들이 動員동원되어야 하는 일이기 때문에 工事費공사비가 많이 들겠습니다."

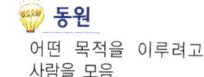
동원
어떤 목적을 이루려고 사람을 모음.

"얼마나 드리면 되겠습니까?"

사령부 쪽에서도 무리하게 일을 進行진행해야 하는 입장이라서 어느 정도 돈money이 더 들어가는 것은 어쩔 수 없다고 생각했습니다.

"공사비의 3배를 주십시오. 그러면 제가 이 일을 맡겠습니다."

"3배를요? 아, 알겠습니다. 그렇게 하겠습니다."

事情사정이 워낙 다급했던 사령부는 정 회장의 요구를 받아들였습니다.

"그럼 즉시 일을 시작하도록 하겠습니다."

"네, 잘 부탁드리겠습니다."

요구
달라고 청함.

　정 회장은 그 길로 트럭truck 30대를 이끌고 낙동강 근처의 보리밭으로 갔습니다. 보리밭은 이제 막 푸른 새싹sprout 보리가 돋아나기 시작해 푸릇푸릇했습니다. 멀리서 보면 꼭 잔디가 일렁이*는 것처럼 보였지요.

　'됐다. 내 생각이 맞았어.'

　정 회장은 즉시 보리밭의 새싹 보리barley를 몽땅 다 샀습니다.

*일렁이다
물건이 이리저리 크게 흔들리다.

잔디 대신 보리로　19

지시
일러서 시킴.

그리고 조심해서 보리를 떠내도록 指示지시를 내렸습니다.

얼마 후, 새싹 보리를 가득 실은 30대의 트럭이 유엔군 묘지에 도착했습니다. 인부들은 부지런히 보리를 묘지에 옮겨 심었지요.

황량하다
황폐하여 처량하다.

그 結果결과 아무것도 없이 황량하기만 하던 유엔군 묘지가 며칠 만에 푸른 보리밭으로 변하게change 되었습니다.

"와, 정말 멋지군요wonderful!"

감쪽같이
고친 곳을 전혀 알아챌 수 없을 정도로 티가 나지 않게

사령부는 불과 며칠 만에 감쪽같이 푸른빛으로 변한 묘지를 보고 感歎감탄을 금치 못했습니다.

"회장님의 아이디어, 최고입니다, 최고!"

이때부터 현대 건설은 미군의 크고 작은 일을 도맡아 하면서 성공success의 기초를 다지게 되었답니다.

정주영(1915~2001)

우리나라의 기업인이자 정치인. 현대 그룹의 창업자로 가난한 현실을 노력으로 극복한 자수성가의 대표격인 인물이다.

알아두면 굿, 굿!

보통 사람이라면 한겨울에 어디서 잔디를 구하겠냐며 그 자리에서 포기하고 말았을 일이지만 정주영 회장은 생각을 조금 더 넓혀 생각했습니다. '꼭 잔디가 아니더라도 푸르게만 보이면 된다.'는 남다른 생각이 굿 아이디어로 이어진 것이지요.

똑같은 사물을 보더라도 굳어진 고정 관념에서 벗어나면 다른 활용 방법이 떠오릅니다. 그래서 다양한 생각을 해 보는 연습이 꼭 필요하지요. 생각을 뒤집어 보고, 비틀어 보는 동안 생각의 범위가 점점 넓어지게 된답니다.

생각하게 만드는 사고력 훈련 동화

3. 합격 사과  合格

아오모리 현
일본 혼슈 북쪽 끝에 있는 현. 쌀, 사과 등의 농산물을 많이 생산한다.

수확기
농작물을 거두어들이는 시기

인건비
사람을 쓰는 데 드는 돈

융자
사업 등을 목적으로 돈을 융통함. 또는 그 돈.

수습
어수선한 사태를 정리하여 바로잡음.

1991년, 日本일본의 아오모리 현에 엄청난 태풍이 몰려왔습니다. 사람이 몸을 가누기도 힘든 무서운 바람wind이 몰아치자 수확기에 접어든 과수원의 사과apple가 모조리 나무에서 떨어지고 말았어요. 자그마치 예상 수확량의 96% 가량이 떨어졌지요.

"아, 이제 망했다fail. 고작 4%를 수확해서 어떻게 먹고산단 말인가?"

"휴, 정말 큰일이야. 인건비도 나오지 않게 생겼으니 융자loan는 또 어떻게 갚지?"

사과 재배 농부들은 하나같이 풀이 죽어 한숨만 내쉬고 있었습니다. 어떻게 수습을 해야 할지 도무지 엄두가 나지 않았거든요.

여기저기서 앓아누운 사람들의 이야기가 들려오면서 마을은 우울한 雰圍氣분위기 속에서 깨어날 줄 몰랐습니다.

분위기
느껴지는 기분

'이렇게 주저앉아 있으면 안 되는데…무슨 좋은 방법이 없을까? 정말 사과나무를 자식처럼 아끼고 돌봐 온 분들인데…….'

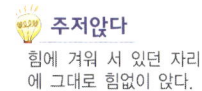
주저앉다
힘에 겨워 서 있던 자리에 그대로 힘없이 앉다.

아오모리의 靑年청년 지도자인 미우라 료이치는 어떻게 해서든지 사과 농가 사람들에게 웃음smile을 찾아 주고 싶었습니다. 며칠 밤낮을 고민하던 그의 머릿속에 번쩍, 아이디어idea 하나가 떠올랐어요.

"그래! 떨어진 96%의 사과를 보지 말고 남은 4%의 사과를 보자. 이 사과는 정말 귀한precious 사과가 아닌가! 어떻게 그렇게 강한 폭풍storm 속에서도 떨어지지 않을 수가 있었을까? 정말 놀라운 꿋꿋함이다."

미우라는 남은 4%의 사과에 '떨어지지 않는 사과'라는 이름을 붙였습니다.

미우라는 그 길로 주민들을 說得설득하러 나섰습니다.

"우리 마을에 남은 사과는 정말 대단한 사과입니다. 태풍에도 떨어지지 않는 사과이니까요. 이런 강한 이미지image를 광고에 活用활용해 판매한다면 희망이 있습니다."

활용하다
잘 이용하다.

"미우라, 정말 그럴까?"

사람들은 한 줄기 지푸라기straw라도 잡는 心情심정으로 모여들었습니다.

풍속
바람의 속도

"우리 마을의 사과 이름name은 '풍속* 53.9㎧ 태풍에도 떨어지지 않는 사과', 즉 간단히 줄여서 '합격 사과' 입니다."

"응? 합격 사과? 그런 이름도 다 있어?"

입시
입학 지원자들에게 치르게 하는 시험. 입학시험

"入試입시 가정을 판매 대상으로 하겠습니다. 강한 폭풍에도 꿋꿋하게 버틴 우리 사과처럼 어떤 학교school라도 떨어지지 않기를 기원하는 선물용품을 製作제작하면 됩니다."

기원하다
어떤 일이 이루어지기를 빌다.

"와, 그래! 그거 참 좋은 생각이야!"

큼지막하다
꽤 큼직하다.

마을 사람들은 미우라의 지시 아래 사과를 담을 상자box를 제작하였습니다. '떨어지지 않는 사과'라는 큼지막한 文句문구와 사과나무 그림, 그리고 '합격 기원' 이란 글도 써넣었습니다.

그러자 놀라운surprising 일이 벌어졌습니다.

'떨어지지 않는다=합격'이란 연상을 일으킨 사과가 수험생과 學父母학부모에게 폭발적으로 팔려 나간 것입니다. 합격 사과는 순식간에 일본 전역에서 一般일반 사과의 30배 값으로 치솟았습니다.

"이제 살았어요! 昨年작년보다 돈을 더 많이 벌었어요!"

마을 사람들의 얼굴face에 활짝 웃음꽃이 피었습니다. 절망할 수밖에 없는 상황 속에서 생각을 바꾼 逆發想역발상 하나가 아오모리 사과 마을을 살린 것입니다.

연상
하나의 관념이 다른 관념을 불러일으키는 현상

수험생
시험을 치르는 학생

역발상
일반적인 생각과 다른 생각을 해냄.

알아두면 굿, 굿!

20세기 일본의 대표적 발명품인 '워크맨(Walkman)'도 역발상에서 비롯된 제품입니다.

1979년 소니 사에서 개발한 휴대용 카세트 리코더(음악 재생 장치)는 재생 기능은 뛰어난데 녹음 기능이 빠져 있었어요. 녹음을 할 수 없는 기기를 누가 사겠습니까? 그래서 그 제품을 포기하려던 참에 '음악 마니아가 늘어나는 시대에 음질이 좋다면 음악을 듣는 것만으로도 차별화되지 않을까?'라는 역발상 제안이 사원들 사이에서 나왔습니다. 걸으면서 음악을 들을 수 있는 '워크맨'은 이렇게 해서 탄생했지요.

요즘은 머리가 부지런해야 하는 시대입니다. 막힌 사고방식으로는 리더의 자리에 오르기 어렵습니다. 우리도 떨어진 사과 96%에 마음을 두고 실망하지 말고 남은 4%의 사과에 희망을 두고 새로운 도전을 시작할 수 있어야 합니다.

생각하게 만드는 사고력 훈련 동화

4. 스님에게 빗 팔기

한 회사에서 營業部영업부 직원을 뽑기로 했습니다. 시험장에는 수많은 지원자가 몰려들었어요.

"이 회사는 보너스bonus가 월급의 몇 배나 된대요. 꼭 합격해야 할 텐데……."

보너스
직원의 공헌도에 따라 월급 외의 돈을 주는 것. 상여금

사람들은 모두 이 회사에 들어가고 싶어 하였습니다. 지원자들이 마음을 졸이고 있는데 試驗시험 문제가 칠판blackboard에 씌어졌어요. 단 한 문제였습니다.

'스님에게 나무 빗comb을 파시오.'

그러자 지원자들이 술렁거렸습니다.

"아니, 머리카락hair도 없는 스님에게 어떻게 빗을 팝니까?"

술렁거리다
자꾸 어수선하게 소란이 일다.

"빗을 게 있어야 빗을 사지 않겠어요?"

"이런 말도 안 되는 엉터리 시험 문제가 어디 있담?"

많은 사람들이 화anger를 내며 시험을 포기하고give up 시험장을 나가 버렸습니다.

마지막까지 시험장에 남은 사람은 김 씨, 최 씨, 정 씨 세 사람뿐이었어요. 그 세 사람에게 면접관이 말했습니다.

면접관
직접 만나서 인품, 언행 등을 평가하는 일을 맡아보는 사람

"여러분에게는 지금now부터 열흘의 時間시간을 드리겠습니다. 그동안 스님들에게 나무 빗을 팔고 난 뒤 狀況상황을 보고하십시오."

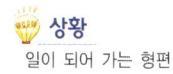
상황
일이 되어 가는 형편

"알겠습니다."

세 사람은 열흘 동안 나름대로 열심히 빗을 팔았습니다. 그리고 다시 열흘 후에 시험장으로 모였습니다.

김 씨는 머리빗을 1개 팔았고, 최 씨는 10개를 팔았고, 정 씨는 천 개를 팔았습니다.

"어떻게 판매를 했는지 그 過程과정을 설명해 주십시오."

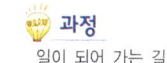
과정
일이 되어 가는 길

면접관의 말에 김 씨가 말했습니다.

"아, 네. 무조건 가까운 절temple을 찾아갔습니다. 절에 가야 스님을 만날 수 있을 테니까요. 마침 운 좋게도 스님이 따스한 햇살sunlight 아래 머리를 긁고 있는 게 보였지요. 그래서 스님에게 손hand으로 긁는 것보다 빗으로 긁으면 몇 배나 더 시원하다고 말씀드리고 팔았습니다."

"아, 그러셨군요. 잘하셨습니다."

이어서 10개를 판 사람에게 물었습니다ask.

"당신은 어떤 방법으로 팔았습니까?"

신도
어떤 일정한 종교를 믿는 사람

용도
쓰이는 길

"네, 절에는 여자 信徒신도가 많다는 것을 생각했습니다. 그래서 여신도들의 머리를 다듬을 용도로 화장실에 비치해 두라고 설득했습니다."

10개를 판 사람과 1개를 판 사람은 확실히 接近접근 방법이 달랐습니다.

면접관이 마지막으로 천 개를 판 정 씨에게 물었습니다.

"어떻게 이렇게 많이 팔았습니까?"

"네, 저는 선물용품으로 팔았습니다. 제가 찾아간 곳은 깊은 골짜기에 자리한 有名유명한 절입니다. 그래서 이런 곳까지 찾아오는 신자들을 빈손으로 돌아가게 하지 말고 부적과 같은 뜻깊은 선물present을 들려 보내면 어떻겠느냐고 말씀드렸지요. 스님의 필체로 '善선을 쌓는 빗'이라는 문구를 새겨 넣어 신도들에게 선물하도록 권했습니다. 신자들의 반응도 폭발적이어서 추가 주문을 要請요청하시더군요. 빗은 앞으로도 계속 팔릴 것 같습니다."

부적
재앙을 물리치기 위해 붉은색으로 글씨를 써서 몸에 지니거나 집에 붙이는 종이

추가
나중에 더하여 보탬.

초점
주의가 집중되는 사물의 중심 부분

어떻게 생각하고, 어디에 초점focus을 맞추느냐에 따라서 다른 결과result를 이끌어 올 수 있습니다. 생각을 조금만 바꾸면 결과는 엄청나게 달라진답니다.

알아두면 굿, 굿!

단순히 판매자의 입장으로만 생각하면 판로가 너무 좁아집니다. 요즘에는 꼭 필요해서가 아니라 더 편리하고 예쁘게 쓰고 싶어서 제품을 사는 경우가 많거든요.

매일매일 소비자의 입장을 생각해서 만든 아이디어 상품이 쏟아져 나옵니다. 음식물은 먹기만 하는 것이 아니라는 기발한 생각으로 탄생한 화장품도 있어요. 여러분도 '먹지 말고 피부에 양보하세요.'라는 광고 문구를 한 번쯤 보았을 거예요.

다양한 생각이 우리의 생활 속에 넉넉한 활력을 불어넣어 준답니다. 여러분도 생활 속에서 재미있는 생각을 떠올려 보고 실천해 보세요. 그리고 기록해 두세요. 생각 위에 생각이 쌓일 때 참으로 기발한 생각이 나오는 법이랍니다.

반짝 정보

전쟁과 발명

수많은 사람이 죽어 가는 전쟁터에서도 놀라운 발명품이 태어납니다. 죽음과 맞서 싸우면서 생존을 위한 눈물겨운 아이디어를 짜내는 것이지요.

★ 실용적인 옷의 탄생 - 티셔츠, 카디건

1890년 영국 빅토리아 여왕이 군함을 검열할 때의 일입니다. 당시 선원들은 소매가 없는 운동용 속옷을 입고 일했는데, 함장은 여왕이 선원들의 겨드랑이 털을 보고 불쾌감을 느낄까 봐 그 속옷에 짧은 소매를 덧대도록 했어요. 이 옷이 바로 티셔츠의 시초가 되었답니다.

카디건은 크림 전쟁 때 영국의 카디건 백작이 부상병들의 옷을 쉽게 벗길 수 있도록 스웨터의 앞을 트고 단추를 단 데서 유래했답니다.

★ 음식 보관법의 개발 - 통조림, 육포

18세기 후반 프랑스의 나폴레옹은 군대의 식량을 확보하기 위해 음식을 오래 보관할 수 있는 방법을 공모했습니다. 이때 프랑스의 요리사 아페르가 음식을 병에 넣어 밀봉한 뒤 가열하여 보관하는 병조림을 고안하였어요. 그로부터 10년 뒤, 영국의 주석 판매업자 듀란드가 병 대신 캔(can)에 담는 통조림을 개발하였습니다.

몽골 제국을 세우고 세계 역사상 가장 큰 제국을 건설한 칭기즈 칸이 이끄는 몽골 기마 군단은 긴 전쟁 기간 동안 '보르츠'라는 음식을 먹었습니다. 뼈와 내장을 발라낸 쇠고기를 건조시켜 잘게 빻아 만든 '보르츠'는 간식거리나 술안주로 인기 있는 육포의 시초가 되었지요.

★전쟁의 아픔이 담긴 음식 – 탕수육, 부대찌개

탕수육은 아편 전쟁 때 탄생하였습니다. 아편 전쟁에서 영국에 패한 청나라는 영국에 무역 시장을 개방하였는데, 힘들게 젓가락질을 하지 않고 먹을 수 있는 요리가 있었으면 좋겠다는 영국인들의 요청을 받고 탕수육을 만들어 냈답니다.

부대찌개는 6·25 전쟁 직후 배고픔에 허덕이던 우리나라 사람들이 미군 부대에서 버린 햄과 소시지를 이용해 끓여 먹었던 음식입니다.

부대찌개란 이름에도 그대로 나타나 있다시피 전쟁의 아픔과 서글픔을 고스란히 담고 있지요.

★무기의 개발 – 에니악, ABC, 콜로서스, Z시리즈

컴퓨터는 제2차 세계 대전 때 전쟁을 위한 수단으로 탄생하였습니다.

미국의 펜실베이니아 대학은 무기의 탄도 계산을 위해 '에니악'을 개발하였어요. 에니악은 노련한 수학자들도 7~20시간이나 걸려 해결하던 계산 문제를 단 30초 만에 풀어 세상을 놀라게 했습니다.

하지만 전쟁이 끝난 뒤 납품되었기 때문에 본래의 목적과는 달리 수소 폭탄 설계용 계산, 날씨 예측, 우주선 연구 등 다양한 분야에 이용되었어요.

비슷한 시기에 미국의 아이오와 대학에서는 '아타나소프-베리 컴퓨터(ABC)'를, 영국에서는 엘런 튜링이 '콜로서스'를, 독일에서는 콘라드 추제가 'Z시리즈'를 개발하였습니다.

결코 일어나서는 안 될 무섭고 참혹한 전쟁을 통해 인류 문명을 혁신적으로 발전시킨 발명품들이 나오다니, 참 알다가도 모를 일이지요?

생각하게 만드는 사고력 훈련 동화

5. 법을 지키지 않아도 좋은 사람

사치
분수에 넘치게 돈이나 물건을 씀.

영국England 왕 헨리 3세 때의 일이에요. 국민들의 사치와 낭비가 하늘sky 높은 줄을 모르고 치솟았습니다. 궁중에 드나드는 貴族귀족들의 경우에는 말할 수 없을 만큼 심했지요. 너도나도 더 사치를 부리지 못해서 안달을 내는 모습이 우스꽝스러울 지경이었습니다. 귀족들이 寶石보석으로 온몸을 치장하고 돌아다니는 동안 國家국가의 재정은 뭉텅뭉텅 구멍hole이 나기 시작했지요.

재정
경제 상태

"어때? 나보다 더 우아한 사람 있어?"

한껏 사치를 부린 사람들은 배를 잔뜩 내밀고 다녔습니다. 일반 국민들까지도 더 크고big 고급스러운 보석을 사기 위해 農土농토를 팔았습니다.

★ 영국의 정식 이름은 United Kingdom(U.K.)입니다.

사태
일이 되어 가는 상황

국민성
한 나라의 국민에게 공통적으로 나타나는 특징

이런 사태를 보고받은 헨리 3세는 걱정스러워 견딜 수가 없었습니다. 검소하고 성실했던 영국의 國民性국민성마저 바꾸어 가는 것은 아닐까 생각하니 답답하기만 했지요.

'더 이상 이대로 두고 볼 수만은 없다. 우리 국민들을 未來미래가 없는 삶life 속으로 몰아갈 수는 없어. 지금 막지 않으면 나중에는 손hand을 쓸 수조차 없게 될 거야.'

헨리 3세는 국민들의 사치와 낭비를 막기 위한 좋은 方法방법을 마련하기 위해 생각에 빠졌습니다. 그러나 자기의 농토를 자기 마음대로 팔아서 사치를 부리겠다는 사람들에게 法법으로 개인의 자유freedom를 막을 수는 없었습니다.

'어떤 방법이 좋을까? 국민들 스스로가 사치를 하지 않게 해야 할 텐데……'

생각 끝에 헨리 3세는 모든 국민에게 '儉素令검소령'이라는 법을 만들어 지키도록 하였습니다. 검소령의 내용은 간단했어요.

'이 나라 국민은 黃金황금이나 보석으로 단장할 수 없다.'

왕명
왕의 명령

그러나 王命왕명은 잘 시행되지 않았습니다. 법을 지키지 않는다고 해서 어떤 무서운 처벌punishment이 있는 것도 아니었기 때문에 국민들은 별로 심각하게 여기지도 않았어요.

"검소령을 내린 效果효과가 좀 있는 것 같은가?"

"황공하옵니다만, 효과가 거의 없는 듯하옵니다."

"어허, 그래? 내 눈에도 여전해 보이는군. 궁중 사람들을 보아도 말이오. 변한 것이 아무것도 없어."

헨리 3세는 안타까웠습니다. 검소령이라는 法令법령을 내린 것으로만 보면 헨리 3세는 일단 自律자율보다는 통제를 선호하는 왕이라고 할 수 있겠지만, 그는 자율을 활용할 줄도 알았습니다.

'그래, 마지막으로 자존심pride에 기대해 보자.'

왕은 이미 내린 포고문에 다음과 같은 글귀를 덧붙이도록 지시를 내렸지요.

'단, 술집 여자나 도둑thief은 이 법령을 지키지 않아도 좋다.'

그다음 날부터 놀라운 일이 일어났습니다. 검소령을 지키지 않는 사람을 찾을 수 없게 되었답니다.

효과 어떤 행위에 뒤따라 오는 좋은 결과

자율 자기 스스로의 원칙에 따라 일을 함.

통제 어떤 방침에 따라 행위를 제한함.

자존심 남에게 굽히지 아니하고 스스로 품위를 지키는 마음

포고문 널리 펴서 알리는 글

알아두면 굿, 굿!

어릴 때는 '사랑의 매'가 큰 효과가 있습니다. 그러나 성장할수록 매의 효과가 사라지게 되지요. 사람이 나이를 먹으면 매보다 한 마디의 말에 더 큰 영향을 받기 때문입니다.

이와 같은 맥락에서 이성적인 사회에서는 법으로 통제하는 것보다 사람의 양심에 호소하는 것이 더 효과가 높습니다. 자긍심이 높은 사람들에게도 해당되는 말이지요. "이런 짓을 하면 나쁜 애야!" 하는 것보다 "착한 아이는 이런 짓을 하지 않지?" 하는 것이 더 효과적인 이유는 사람은 자긍심이 크기 때문이랍니다.

생각하게 만드는 사고력 훈련 동화

6. 무거운 옷은 싫어

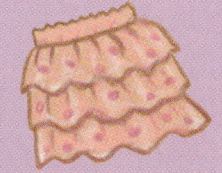

　매서운 추위cold 속에서 잔뜩 웅크리고 지내다가 햇볕 따사로운 봄날이 오면 사람들의 마음도 가볍고 경쾌해지게 마련이에요. 날씨weather가 포근해지면 가장 먼저 눈에 띄는 것이 젊은 여성들의 짧은 치마, 즉 미니스커트miniskirt입니다. 물론 流行유행이라는 것이 있어서 긴 옷clothes을 좋아하는 시기도 있었지만, 이제는 젊은 여성들이라면 거의 모두가 유행에 상관없이 미니스커트를 애용한다고 할 수 있지요.

　젊음의 象徵상징이라고도 할 수 있는 이 경쾌한 미니스커트가 탄생한 지는 약 50년 정도밖에 안 됩니다. 그 以前이전의 여성들은 무릎knee 아래까지 내려오는 긴 치마를 입었습니다.

유행
특정한 행동 양식이 일시적으로 많은 사람에 의해 널리 퍼지는 현상

애용하다
좋아하여 자주 쓰다.

상징
추상적인 개념을 구체적인 사물을 통해 나타냄.

혁명
이전의 제도, 관습 등을 깨뜨리고 급격하게 새로운 것을 세우는 일

의상 革命혁명으로 손꼽히는 미니스커트의 개발은 영국에서 시작되었지요.

1960년 여름summer, 의상 디자이너인 메리 퀀트 여사는 새로운 의상을 선보이기 위해 研究연구하고 있었습니다.

'여자들이 가장 좋아하는 옷은 어떤 옷일까? 물론 실용적인 옷이겠지. 입기에 便利편리한 것이 첫 번째이니까. 세상을 놀라게 할 만한 멋진 옷이 없을까? 옷이 우리의 生活생활 속에서 차지하는 비중이 정말 큰데……. 가볍고 예쁜 옷, 뭐 없을까?'

비중
다른 것과 비교할 때 그것이 차지하는 중요한 정도

퀀트 여사는 고민하며 數千수천 장의 디자인design을 만들어 보았지만 주위의 반응은 영 신통치 않았어요. 그럴수록 그녀는 포기하고 싶은 마음보다 다시 도전해challenge 보고 싶은 마음이 강해졌습니다.

'두고 봐. 기어이 世上세상을 깜짝 놀라게 할 옷을 만들어 내고야 말 테니까.'

불철주야
밤낮을 가리지 않고 어떤 일에 몰두함.

온 힘을 다해 불철주야로 努力노력했지만 퀀트 여사의 연구는 큰 效果효과를 거두지 못했습니다. 그녀는 그때까지 완성한 디자인들을 과감하게 모두 버리고 다시again 처음으로 돌아가서 생각해 보았습니다.

'아무래도 내가 뭔가 잘못 짚고 있는 것 같아. 여자의 아름다움의 포인트point는 얼굴, 그다음은…그래! 그다음은 男子남자에게서 볼 수 없는 멋진 몸매야. 그리고 여성만이 가질 수 있는 다리의 각선미가 있지! 그렇다면 여성의 몸매를 돋보이게 만드는 과감한 디자인이 必要필요해.'

각선미 여자 다리의 곡선의 아름다움

퀀트 여사는 몇 날 며칠을 궁리한 끝에 짧은short 치마로 다리의 멋진 曲線곡선을 드러내는 디자인을 만들기로 했습니다. 그것은 대단한 모험adventure이었어요. 왜냐하면 그 당시 여성들의 치마 길이length는 무릎 아래까지 내려와야 한다는 것이 법 아닌 법이었으니까요. 여성이 무릎 위의 허벅지를 드러낸다는 것은 상상도 할 수 없는 時代시대였습니다.

미니스커트의 디자인을 完成완성해 놓고도 퀀트 여사는 걱정이 앞섰습니다.

노출 겉으로 드러냄.

'과연 이 미니스커트를 입을 여성들이 있을까? 노출이 심한 치마를 사람들 앞에서 거침없이 입을 수 있는 배짱 좋은 여성이 얼마나 될까? 하지만 아름다운beautiful 다리를 드러내고 활기차게 걷는 모습은 얼마나 보기에 즐거울까. 틀림없이 社會사회 분위기mood도 밝아질 텐데…….'

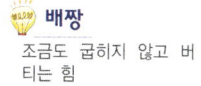
배짱 조금도 굽히지 않고 버티는 힘

무거운 옷은 싫어

이런 생각이 들자 퀀트 여사는 과감하게 미니스커트를 선보였습니다.

"아니, 저게 옷이야?"

예상대로 처음에는 나라country 곳곳에서 점잖은 미풍양속을 해친다는 항의가 빗발쳤습니다. 紳士신사의 나라라는 자부심이 큰 영국에서 볼썽사나운 해괴한 옷이 유행을 일으키고 있다고 영국 정부까지 나서서 反對반대를 했지요.

미풍양속
아름답고 좋은 풍속

해괴하다
괴이하고 야릇하다.

"옷감이 모자라서 만든 옷인가요? 품행이 단정한 여성이 저따위 옷을 입겠소? 당장 생산을 中止중지하시오."

품행
품성과 행실

퀀트 여사는 또다시 고민에 빠졌습니다.

'이토록 반대의 목소리가 높으니 여기서 포기해야 하나?'

이러지도 못하고 저러지도 못하고 망설이고 있는데, 아니, 이게 웬일입니까?

호통치고 반대하는 목소리를 비웃기라도 하듯 젊은young 여성들이 폭발적인 반응을 보였습니다.

"아유, 세상에! 이렇게 편한 치마가 있다니!"

"예쁜pretty 다리를 마음껏 뽐내야지."

완고한 어른들의 목소리는 이제 들리지도 않게 되었습니다.

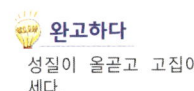
완고하다
성질이 올곧고 고집이 세다.

5대양 6대주
5대양은 태평양, 대서양, 인도양, 남빙양, 북빙양을, 6대주는 아시아, 아프리카, 유럽, 오세아니아, 남아메리카, 북아메리카를 이름.

공로
일을 이루는 데 들인 노력과 수고

훈장
나라를 위하여 뚜렷한 공적을 세운 사람에게 주는 배지

미니스커트의 人氣인기는 하루가 다르게 치솟았습니다. 단숨에 영국 전역에 유행trend의 물결이 퍼져 나갔고, 이어서 5대양 6대주를 휩쓸어 전 세계가 미니스커트에 환호하게 되었습니다.

결국 드러내 놓고 반대의 立場입장을 보였던 영국 정부도 입장을 바꾸게 되었지요.

'도저히 미니스커트의 인기popularity를 막을 수는 없구나!'

마침내 정부에서는 의복의 실용성을 높여 여성들의 活動활동을 넓혔다는 功勞공로로 퀀트 여사에게 국가 훈장을 주었습니다.

메리 퀀트(1934~   )

영국의 패션 디자이너. 미니스커트와 핫팬츠를 개발하였다.

알아두면 굿, 굿!

우리나라 역시 미니스커트에 대한 최초의 반응은 대단했습니다. 1967년에 한 여자 가수가 처음 미니스커트를 입고 나타나 커다란 충격을 주었지요. 뉴스에 등장할 정도였으니까요.

사람들은 미니스커트를 입는 여자들의 용기에 놀랐고, 미니스커트를 입은 여자들은 그 옷의 편리함과 활동성에 놀랐습니다. 스커트 길이가 너무 짧아 경찰에서 단속하는 일까지 생겼지만, 미니스커트는 유행을 되풀이하며 오늘날까지 여자들의 큰 사랑을 받고 있습니다. 물론 가볍고 편리한 미니스커트는 여성이 사회에 진출하는 데도 큰 도움이 되었답니다.

생각하게 만드는 사고력 훈련 동화

7. 질문에 답이 되었는가?

프랑스 황제 나폴레옹 일세가 러시아Russia와 戰爭전쟁을 벌일 때의 이야기입니다. 프랑스 군대가 러시아군에 크게 패한 일이 있었어요. 나폴레옹은 적진 속에 포위되었다가 겨우 脫出탈출하였지요. 혼란스러운 전투 속에서 혼자가 된 그는 말horse도 버리고 정신없이 밤길을 도망쳤습니다run away.

기진맥진한 나폴레옹의 눈앞에 마을village이 나타났어요. 불이 켜진 집house 하나가 눈에 띄자 그는 무작정 그 집으로 뛰어들어갔습니다. 그 집에는 洋服店양복점을 하는 시몬이라는 사나이가 혼자 살고 있었지요. 시몬은 가난하지만 착한 사람이었습니다.

"쉿! 나 좀 숨겨 주시오."

포위되다
주위가 에워싸이다.

기진맥진하다
기운이 빠져 스스로 몸을 가누지 못할 정도가 되다.

무작정
어떻게 하겠다고 미리 정한 것이 없이

그는 나폴레옹이 누구인지는 몰랐지만 쫓기는 듯한 모습에 측은한 마음이 들었습니다.
측은하다
불쌍하고 가엾다.

"얼른 이 속으로 들어가시오."

그는 나폴레옹을 自身자신의 옷장 속에 숨겨 주었습니다. 냄새 나는 이불이 잔뜩 쌓여 있었지만 나폴레옹은 다급한 나머지 그 밑으로 기어들어 갔지요. 나폴레옹을 쫓는 敵國적국의 병사들이 시몬의 집에 들이닥친 건 그 몇 분 후였습니다.

"여기 누가 오지 않았소?"

"아, 아무도 오지 않았는데요."

"갈 데가 여기밖에 없는데……오지 않았단 말이야?"

그들은 막무가내로 시몬의 집 구석구석을 뒤지기 始作시작했습니다. 한 병사가 나폴레옹이 숨은hide 옷장을 열어젖히고 이불 더미를 창spear으로 푹 찔렀어요.

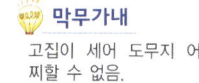
막무가내
고집이 세어 도무지 어찌할 수 없음.

'이키, 큰일 났다!'

시몬은 차마 볼 수가 없어서 두 눈을 질끈 감아 버렸습니다.

그러나 하늘이 도왔던지 그 병사는 별다른 점을 느끼지 못한 채 다른 데로 가 버렸습니다. 이불bedclothes이 겹겹이 쌓여 있었던 덕분에 창끝이 나폴레옹의 몸에 닿지 않았던 것입니다.

별다르다
유난히 다르다.

질문에 답이 되었는가?

병사들이 포기하고give up 그냥 돌아가자 시몬은 나폴레옹을 나오게 하고 따뜻한 茶차를 대접했어요.

시몬의 도움으로 살아난 나폴레옹은 그제서야 위엄을 되찾고 엄숙하게 말했습니다.

위엄
의젓하고 엄숙함.

"나는 皇帝황제 나폴레옹이다. 내 목숨life을 살려 주었으니 네 소원을 한 가지 들어주마."

시몬은 그 말을 믿을 수 없었어요. 하지만 나폴레옹의 옷차림과 옷 속에 감추어진 황제를 표시하는 문장을 보자 갑자기 다리leg가 후들거리기 시작했습니다.

문장
국가, 집안 등을 나타내기 위한 상징적인 표지

"네? 황제 폐하시라고요?"

"그렇다. 所願소원이 없는가?"

시몬은 놀란 가슴을 가라앉힌 다음, 잠시 생각하다 말했습니다.

"소원이 있긴 합니다만……."

"뭔가?"

"저희 집 지붕이 비rain만 오면 물water이 샙니다. 그것 좀 고쳐 주십시오."

소박하다
꾸밈이 없고 수수하다.

너무나 소박한simple 시몬의 소원에 어이가 없어진 나폴레옹이 말했습니다.

48 초·중학생이 꼭 읽어야 할 28가지 베리베리굿 아이디어 이야기

"나는 한 나라country의 황제다. 그런 소박한 것 말고 좀 더 좋은 소원을 말하라."

"그럼 밀가루flour 몇 포대*만……."

"아니, 그런 거 말고! 나는 황제란 말이다. 어찌 그리 그릇*이 작은고?"

시몬은 한참 생각하다 마침내 생각난 듯 말했습니다.

"아까 폐하께선 정말 위험한dangerous 순간을 맞으셨습니다. 한 인간으로서 그때의 기분이 어떠셨는지 알고 싶습니다."

"그게 全部전부인가?"

나폴레옹은 한참을 가만히 시몬을 노려보았습니다.

그때, 시끄럽게 시몬의 집 大門대문을 두드리는 소리가 들렸습니다. 나폴레옹은 바짝 긴장*을 하고 다시 숨으려고 했지만 다행히 찾아온 사람들은 나폴레옹의 部下부하들이었어요.

"무사하셨군요, 폐하!"

한참을 부하들과 감격의 상봉*을 나누던 나폴레옹은 집을 나서기 전에 시몬을 가리키며 부하들에게 말했습니다.

"저놈이 감히 나를 모독했다*. 잡아다가 내일tomorrow 아침 날이 밝는 대로 處刑처형하라."

포대
물건을 자루에 담아 분량을 세는 단위

그릇
사람의 능력이나 도량

긴장
정신을 바짝 차려 특히 조심함.

상봉
서로 만남.

모독하다
말이나 행동으로 욕되게 하다.

"아니, 폐하?"

시몬은 몹시 당황한 나머지 말 한마디 못 하고 나폴레옹의 부하들에게 이끌려 처형장으로 끌려갔습니다. 그야말로 마른dry 하늘에 날벼락이 떨어진 꼴이었지요.

날벼락
느닷없이 치는 벼락

"폐하, 살려 주십시오. 살려 주십시오!"

감옥prison 안에서 시몬이 공포에 떨며 아무리 울부짖어도 아무도 들어주지 않았습니다.

다음 날 날이 밝자마자 시몬은 처형대에 꽁꽁 묶였습니다. 이제는 간수의 흰 깃발이 들어 올려지기만 기다리는 身世신세가 되고 말았지요.

간수
'교도관'의 예전 용어.
교도소(감옥)에서 수용자를 관리하는 사람

'아, 이렇게 죽어야 하는가.'

시몬은 더 이상 소리를 지를 힘energy도 없어서 멍하니 하늘만 바라보았습니다.

간수의 흰 깃발이 막 올라가려는 순간, 멀리서 큰big 소리가 들렸습니다.

"멈추어라stop!"

말을 탄 병사가 달려와 간수와 뭔가 이야기를 주고받더니 시몬을 처형대에서 내려 주라고 指示지시하는 것이었습니다.

지시하다
일러서 시키다.

그리고 아직도 어리벙벙해 있는 시몬의 손에 편지letter 한 통이 쥐어졌습니다. 나폴레옹의 친서였지요.

"시몬, 어떤가? 이만하면 그대의 質問질문에 훌륭한 답이 되었으리라 믿네."

| 어리벙벙하다 |
| 어리둥절하여 무엇을 할 것인지 갈피를 잡을 수 없다. |

| 친서 |
| 몸소 쓴 편지 |

▶ 나폴레옹

나폴레옹(1769~1821)

프랑스의 군인·황제. 포병 장교로 여러 전투에서 승리한 뒤 1804년에 스스로 황제의 자리에 올랐다. 이후 유럽 대륙을 정복하였으나 트라팔가르 해전에서 영국에 패하고 러시아 원정에도 실패하여 퇴위하였다.

알아두면 굿, 굿!

나폴레옹은 과감한 실천력과 용기에 있어서 그 누구보다도 뛰어난 사람입니다. 그에게는 남다른 유머 감각과 재치도 있었지요. 사람들이 키가 작은 자신을 놀릴 때면 이렇게 대답했다고 합니다.

"하하, 땅에서 잴 때만 좀 작을 뿐이네. 하늘에서 재면 내가 그대들보다 더 크다는 걸 모르나?"

자기의 약점까지도 열등감이 아닌 유머로 표현할 수 있었던 나폴레옹의 여유. 그런 넉넉한 마음을 가진다면 삶이 더욱 즐거워지겠지요?

생각하게 만드는 사고력 훈련 동화

8. 링컨과 스탠턴

　미국의 제16대 **大統領**대통령 에이브러햄 링컨은 젊은 시절에 잠시 일리노이 주에서 변호사lawyer로 일한 적이 있습니다. 그때 일리노이 주에는 에드윈 스탠턴이라는 매우 **有能**유능한 변호사가 있었어요. 스탠턴에 비하면 링컨은 아직 애송이 변호사에 불과했습니다.

　어느 날, 링컨이 한 **事件**사건을 맡아서 법정에 나가 보니 마침 스탠턴도 거기에 나와 있었어요. 링컨과 스탠턴이 함께together 그 사건을 맡기로 되어 있었던 것입니다. 법정에 앉아 있던 스탠턴이 그 **事實**사실을 알자마자 갑자기suddenly 자리를 박차고 일어나 외쳤습니다.

일리노이 주
미국 중부 미시간 호 서남쪽 기슭에 있는 주. 농업이 발달하였다.

유능하다
능력이 있다.

애송이
어린 티가 나는 사람이나 물건

"어허! 나를 어떻게 보는 거요? 저따위 촌뜨기 변호사와 어떻게 같이 일work을 한단 말이오? 나는 그렇게는 못 하겠소!"

그는 험상궂은 表情표정으로 소리치더니 법정을 나가 버렸습니다. 원래 링컨은 키height도 무척 크고 기운도 센 사람이었으므로 당장 뒤쫓아가 스탠턴을 혼내 줄 수도 있었어요. 그러나 링컨은 자리에 앉은 채 빙그레 웃기만smile 했습니다.

오랜 뒤에 링컨은 대통령president에 당선되었어요. 그런데 안타깝게도 南北남북 전쟁이 시작되었고 매우 혼란스럽고 긴박한 나날이 계속되었습니다continue. 그런 소용돌이 속에 국방 장관이 물러나서 그 자리가 비게 되었어요. 전쟁 중에 국방 장관의 자리는 매우 중요합니다important. 그래서 중요한 그 자리에 누구를 앉힐 것인가를 많은 사람이 머리head를 모으고 생각했습니다.

그때 링컨이 단호하게 말했어요.

"국방 장관에 스탠턴 씨를 任命임명하오!"

그러자 모인 사람들이 하나같이 反對반대하고 나섰습니다.

"스탠턴은 안 됩니다, 대통령 각하. 지난날 스탠턴이 한 일을 잊으셨습니까? 그 오만 방자하고 모욕적인 일을 말입니다."

하지만 묵묵히 듣고 있던 링컨이 입을 열었어요.

"나를 백 번 無視무시한들 어떻소! 그게 무슨 상관이오! 그 사람이 장관으로서 자기 任務임무를 훌륭하게 해 주기만 한다면 아무것도 問題문제 될 게 없지 않소? 나를 위한 국방 장관이 아니라 미국 국민을 위한 국방 장관이니까 말이오."

링컨의 말에 사람들은 그만 입을 다물었습니다. 그래서 스탠턴은 국방 장관에 임명되었지요.

하루는 국방 장관 스탠턴이 편지letter를 들고 대통령인 링컨을 찾아왔습니다. 그 편지는 스탠턴을 비난한 어떤 將軍장군에게 보내려고 쓴write 것으로 편지의 內容내용은 살기등등하기 그지없었어요.

스탠턴은 링컨 앞에서 그 편지를 읽기read 시작했고, 링컨은 구절구절마다 스탠턴의 감정에 共感공감을 표시했습니다.

"맞아! 암, 그렇고말고. 한 대 먹이게, 스탠턴!"

스탠턴은 신이 났지요. 한데 링컨은 더욱 부추겼어요.

"일개 장군 따위가 감히 국방 장관에게 대들어? 혼내 줘야 한다구, 스탠턴!"

읽기를 마친finish 스탠턴은 의기양양하여 편지를 접어서 봉투 안에 집어넣었습니다. 그때 링컨이 물었어요ask.

"스탠턴, 이제 그 편지를 어쩔 셈이오?"

"어쩌다니요? 지금 당장right now 그놈에게 부쳐야지요."

그러자 링컨이 고개를 저으며 말했습니다.

"그러지 마오, 스탠턴."

"대체 무슨 말씀이신지?"

"여보시오, 국방 장관. 당신은 어젯밤last night에 그 편지를 쓰는 동안 상대방을 욕하면서 스트레스stress를 풀었잖소. 그리고 지금 내 앞에서 읽는 동안 또 한 번 재미fun를 보지 않았소. 그러니 장관……."

> **스트레스**
> 적응하기 힘든 상황에서 느끼는 심리적·신체적 긴장 상태

링컨은 한쪽 눈을 찡긋하며 빙그레 웃었습니다.

"그 편지는 저 난로stove 속에 넣지 그러오?"

이 일로 암암리에, 혹은 公開的공개적으로 링컨에게 맞서곤 했던 스탠턴의 마음이 바뀌게change 되었습니다. 링컨에 대한 경쟁심이 尊敬心존경심으로 바뀐 것이지요.

> **암암리**
> 남이 모르는 가운데

링컨이 죽었을 때 스탠턴은 그의 침대 옆에 서서 이렇게 말했다고 합니다.

"우리는 平凡평범한 정치가에 머물렀지만 그는 이제 歷史역사의 인물이 되었다."

링컨은 스탠턴에게 권했던 방법을 자기 자신에게도 사용한 적이 있었어요.

남북 전쟁이 한창이던 때 북군의 미드 장군은 남군을 워싱턴의 포토맥 江강까지 밀어붙였습니다. 북군으로서는 적장인 리 장군을 생포하여 전쟁을 종결시킬 절호의 기회chance였지요. 상황을 보고받은 링컨은 미드 장군에게 명령을 내렸습니다.

"머뭇거리지 말고 攻擊공격을 계속하시오!"

그리고 미드 장군의 답신을 받아 오도록 부관을 보냈습니다.

그런데 미드 장군은 당장 남군을 공격하지 않고, 공격을 계속할 것인지 中斷중단할 것인지를 논의하기 위한 작전 會議회의를 열었습니다. 그 사이에 리 장군은 패잔병을 수습하여 물water이 줄어든 포토맥 강을 건너 도망치고 말았지요.

보고를 받은 링컨은 화anger가 나서 견딜 수가 없었습니다.

'아, 이럴 수가 있는가!'

링컨은 즉시 미드 장군에게 보낼 편지를 쓰기 시작했어요. 편지의 내용은, 대통령의 指示지시를 어긴 책임을 통렬하게 묻는 한편, 그의 실책이 국가country와 국민에게 얼마나 큰 苦痛고통을 안겨 주었는지를 꾸짖는 내용으로 가득 차 있었습니다.

절호
더할 나위 없이 좋음.

답신
상사의 물음에 대답하여 보고함.

패잔병
전쟁에서 패한 군대의 병사 가운데 살아남은 병사

통렬하다
매우 사납고 날카롭다.

실책
잘못된 꾀나 방법

'……후유…….'

그러나 링컨은 그 편지를 쓰기만 했을 뿐 부치지는 않았습니다. 그는 平素평소에 '절대로 남을 비난하지 않는다'는 원칙을 갖고 있었기 때문입니다.

> **원칙**
> 일관되게 지켜야 하는 기본적인 규칙

◀링컨

링컨(1809~1865)
미국의 제16대 대통령. 노예를 해방하고 남북 전쟁에서 북군을 승리로 이끌었다.

알아두면 굿, 굿!

링컨은 젊은 시절에 남을 조롱하기를 즐겼다고 합니다. 그런데 그 일로 소송에 휘말려 고통을 겪게 되었지요.

'내가 모자랐어. 앞으로는 절대로 남을 비난하지 않을 거야.'

그 후 링컨은 남의 잘못을 너그럽게 용서하고 수용하는 자세를 갖추게 되었습니다. 그렇게 스스로 고치고 닦은 인격을 바탕 삼아 정치계에 뛰어들었습니다.

그런 탁월한 인격이 있었기에 겨우 초등학교를 나온 그가 명문 대학을 나온 학벌 좋은 정치가들을 제치고 미국인들로부터 가장 존경받는 정치인이 될 수 있었던 것이겠지요.

9. 안전한 면도기

생각하게 만드는 사고력 훈련 동화

10. 주머니에 감기를 넣지 마세요

크리넥스
미국 킴벌리클라크 사의 미용 티슈, 화장지, 아기 기저귀, 병원용 소독포 등에 이용되는 브랜드

제일 차 세계대전
1914~1918년에 독일·오스트리아·이탈리아의 삼국 동맹과 영국·프랑스·제정 러시아의 삼국 협상이 대립하여 벌어진 세계적 규모의 전쟁

부상병
전투 중 다친 군인

요즘은 집집마다 작은 네모 상자가 식탁table 한가운데를 차지하고 있습니다. 직사각형 모양도 있고 정사각형 모양도 있고 예쁜 커버cover로 감싸여 있는 것도 있지요.

바로 '크리넥스(Kleenex)'라고 불리는 화장지인데 이것은 두루마리 화장지와는 격이 다른 화장지입니다. 솜cotton을 代身대신할 목적으로 만들어진 '셀루코튼'이거든요.

셀루코튼은 전쟁war 중에 誕生탄생했습니다. 제일 차 세계 대전이 한창이던 1914년, 유럽Europe은 전쟁으로 먹을 것, 입을 것, 신을 것 등 모든 것이 부족했어요. 특히 매일매일 쏟아져 들어오는 부상병들을 治療치료할 도구가 턱없이 부족했습니다. 붕대며 솜, 거즈, 모든 게 다 부족했어요.

'부상병을 치료해야 하는데 物資물자가 너무 부족하다. 전쟁에서 승리하기win 위해서라도 이런 필수 물자를 꼭 만들어 내야 한다.'

다급해진 기업company들은 솜을 대체할 제품 開發개발에 힘을 쏟았습니다.

대체하다
다른 것으로 대신하다.

종이paper를 재료로 한 제품을 주로 만드는 미국의 킴벌리클라크 사도 이 개발 事業사업에 동참했지요.

'하루라도 빨리 만들어 내야 한다. 탈지면이 없어서 手術수술하지 못하는 부상병들이 죽어 가고 있지 않은가.'

탈지면
불순물을 제거하고 소독한 솜

이렇게 개발을 서둘러 탄생한 것이 바로 셀루코튼입니다. 셀루코튼은 소량의 솜과 나무tree의 펄프 섬유소를 이용하여 만들어졌는데, 솜과 마찬가지로 吸濕性흡습성이 뛰어났습니다.

흡습성
물질이 습기를 빨아들이는 성질

전쟁이 한창이던 때, 셀루코튼의 人氣인기는 하늘을 찔렀습니다. 유럽뿐 아니라 미국의 병원hospital에서도 솜 대신에 이 셀루코튼을 사용하였고, 또 방독면gas mask의 필터filter로도 훌륭하게 이용되었지요. 그러나 전쟁이 끝나자 셀루코튼의 인기도 한풀 꺾였습니다.

방독면
독가스, 세균 등이 피해를 주지 못하도록 유독 물질을 걸러 내는 기구

판로
상품이 팔리는 방면이나 길

탈바꿈
본디의 모양이나 형태를 바꿈.

냉담하다
태도가 차갑다.

곤경
어려운 형편

홍보
널리 알림.

'새로운 판로를 개척해야 해.'

킴벌리클라크 사의 설립자 J.A.킴벌리는 研究연구를 거듭하여 셀루코튼을 종잇장과 같이 얇게 만들어 냈습니다. 화장을 고치는 고급 휴대용 천으로 탈바꿈시킨 것이지요. 의료용 솜과 얼굴 화장지, 그 누구도 생각지 못한 連結연결이었어요. 그러나 소비자들의 반응은 냉담하기만 했습니다.

"얼굴 화장을 지우기 위해 왜 값비싼 화장지를 써야 한담?"

"화장지를 살 돈으로 차라리 화장품을 하나 더 사겠네, 뭐."

당시는 모두 천으로 만든 손수건을 사용하고 있었지요.

'아, 내가 너무 성급했나? 아직 經濟경제가 회복되지 않은 상태라서 그런가?'

킴벌리는 이 곤경에서 벗어나기 위해 여러 가지 아이디어idea를 짜냈습니다.

아무리 生活생활이 어렵더라도 아름다움beauty을 추구하는 여성들이라면 좋은 화장지를 사용할 것 같았습니다.

'그래, 몰라서 사용하지 못하는 거야. 홍보에 힘을 쏟자.'

이렇게 생각한 킴벌리는 인기 있는 영화배우들을 불러서 대대적인 홍보를 펼쳤습니다. 또한 品質품질을 개선하기 위한 노력도

기울였습니다. 한 장씩 연속적으로 뽑아지도록 고안된 상자 티슈tissue도 이때 개발되었고, '크리넥스'라는 고유의 商標상표가 사용되기 시작한 것도 바로 이 무렵입니다.

이런 피나는 노력에도 불구하고 킴벌리는 별다른 성과를 얻어내지 못했습니다. 화장 전용 티슈를 만들겠다는 단순한simple 전략이 실패의 原因원인이었지요. 이때부터 개발 팀은 획일적인 시각에서 벗어나 티슈에 다양한 새 용도를 불어넣기로 했습니다. 자신의 실수mistake를 인정한 솔직한 변화의 試圖시도였지요.

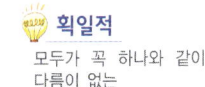

획일적
모두가 꼭 하나와 같이 다름이 없는

킴벌리가 새로이 발견한 것은 화장지와 감기cold의 오묘한 관계였습니다.

'감기로 시달리는 이들은 손수건으로 코를 훔치고 그 손수건을 다시 주머니pocket에 넣는다! 감기를 주머니에 담아 가지고 다니는 꼴이 아닌가!'

드디어 개발 팀은 크리넥스의 새로운 광고 문안을 完成완성해 냈지요.

'주머니에 감기를 넣고 다니지 마세요!'

이 새로운 광고가 나가자마자 큰 變化변화가 일어났습니다. 크리넥스의 판매액이 두 배로 껑충 뛴 것입니다. 많은 사람들이 주머니에서 손수건을 꺼내 던져 버리고, 대신 一回用일회용 크리넥스를 찾게 되었습니다.

'아, 내 생각이 맞았어.'

킴벌리가 원하는 바로 그 結果결과를 얻은 것입니다. 킴벌리의 오랜 노력effort에 보답이라도 하듯, 크리넥스는 매일 판매 기록을 바꾸어 가며 효자 상품의 역할role을 톡톡히 해냈습니다.

전쟁 중에 솜의 대체품으로 태어나, 현대인의 생활 필수품이 된 크리넥스. 現實현실에 머무르지 않고 계속 노력하고 도전한 것이 바로 성공의 비결secret입니다.

판매액
상품을 판 금액

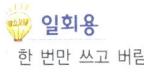
일회용
한 번만 쓰고 버림.

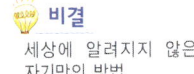
비결
세상에 알려지지 않은 자기만의 방법

알아두면 굿, 굿!

훌륭한 아이디어로 만든 발명품이라도 세상에 나와 저절로 히트 상품이 되는 것은 아닙니다. 번쩍이는 아이디어만으로는 부족합니다. 발명품이 제대로 평가받는 상품이 되려면 적절한 홍보와 판매 전략이 필요하지요.

셀루코튼도 만약 실용화하는 작업이 부실했다면 살아남기 힘든 발명품이었습니다. 연구에 오랜 노력과 땀을 쏟은 끝에 크리넥스의 탄생이 있었고, 적절한 홍보와 판매 전략이 있었기에 셀루코튼이 발명품의 자리를 차지할 수 있었던 것이지요.

생각하게 만드는 사고력 훈련 동화

11. 생쥐와 디즈니 만화

미국의 작은 都市도시에 화가artist인 디즈니가 아내와 함께 살았습니다. 남편husband인 월트 디즈니는 이름 없는 화가였기 때문에 그림picture이 잘 팔리지 않았어요. 生活생활은 늘 어려웠고 월세마저 몇 달씩 밀리기 일쑤였습니다. 처음에는 웃는smile 낯으로 참아 주던 마음씨 좋은 아주머니도 더 이상 봐줄 수가 없게 되었습니다.

"후유, 이렇게 월세를 밀려면 우리가 생활이 안 돼요! 당장 우리 끼니가 걱정worry이니 어쩌겠어요. 그러니 미안하지만sorry 방room을 좀 비워 줘요!"

말을 하는 아주머니의 表情표정도 어두웠지요.

월세
남의 방, 집 등을 빌려 쓰면서 다달이 내는 돈

끼니
날마다 일정한 시간에 챙겨 먹는 밥

"아주머니, 조금만 더 참아 주세요. 곧 마련해 드리겠습니다."

"그림이 안 팔리면 노동을 해서라도 가족family을 먹여 살릴 궁리를 해야지요. 그림만 그리고 있으면 밥rice이 나오나요, 옷이 나오나요?"

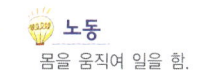

"죄송합니다."

"며칠 안으로 방을 비워 주세요. 세 들 사람을 구하는 廣告광고를 붙일 테니까요."

"네, 알겠습니다."

그날 밤 월트 디즈니는 잠이 오지 않았습니다. 옆에서 자는 척하는 아내wife 역시 걱정이 태산이었지요.

'손에 쥔 것이 아무것도 없는데 어쩌지?'

아무리 생각해도 뾰족한 해결 방법이 떠오르지 않았습니다.

'아내를 당분간 親庭친정에 가 있으라고 할까? 나는 친구 집으로 가고……. 그림을 들고 내가 直接직접 팔러 다니는 것이 더 낫지 않을까?'

바로 그때 디즈니 부부에게 억만금을 몰아 준 事件사건이 벌어졌습니다.

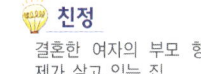

"찍찍…찌찍찍…."

앙증맞다
작으면서도 갖출 것은 다 갖추고 있어 아주 깜찍하다.

시름
마음에 걸려 남아 있는 근심과 걱정

알은체
어떤 대상을 보고 인사하는 표정을 함.

쪼르르
작은 발을 빠르게 움직여 걷거나 따라다니는 모양

빤히
바라보는 눈이 또렷하게

디즈니 부부의 집을 마치 자기 집처럼 드나드는 생쥐mouse 한 마리가 등장한 것입니다. 작고 앙증맞은 생쥐였습니다. 남들은 病병을 옮긴다고 보이기만 하면 잡는 쥐였지만 월트 디즈니는 그러지 않았어요. 너무나 외로운lonely 생활 속에서 그림만을 그렸기 때문에 생쥐가 피우는 소란도 정겹게 느껴졌습니다feel. 아내 역시 생쥐가 드나들어도 잡을 생각을 하지 않았어요. 오히려 생쥐의 재롱을 보면 잠시나마 가난의 시름을 잊을 수 있었습니다.

"으응, 너 왔구나?"

월트 디즈니는 힘없는 목소리로 알은체를 했어요. 왠지 그 생쥐가 슬픈 디즈니 부부를 慰勞위로해 주러 온 것만 같았습니다.

"그래, 와 줘서 고맙다. 이런 누추한 곳을 잊지도 않고 찾아 주는구나."

월트 디즈니는 누운 채 물끄러미 생쥐를 바라보았습니다. 그러자 생쥐도 이리저리 쪼르르 다니는 버릇habit을 잊은 채 월트 디즈니를 바라보며 얌전히 있었어요.

'허허, 고놈! 눈이 참 반짝거리기도twinkle 하네. 저 머릿속에 재미있는funny 생각이 가득 차 있을 것만 같은걸. 도대체 무슨 생각으로 나를 저렇게 빤히 쳐다보지?'

70 초·중학생이 꼭 읽어야 할 28가지 베리베리굿 아이디어 이야기

월트 디즈니는 일어나서 앉았습니다. 생쥐를 더 자세히 보기 위해서였지요. 생쥐의 모든 動作동작이 디즈니의 눈에는 귀엽고 재미있었습니다.

"오, 너 정말 귀엽게 생겼구나!"

월트 디즈니의 입가에 살포시* 미소가 피어났어요.

> 살포시
> 드러나지 않게 살며시

생쥐는 앞발을 비비며rub 마치 재롱을 피우듯 고개를 갸웃거렸습니다.

'주인님, 왜why 기분이 안 좋으세요?'

마치 그렇게 묻는 듯한 생쥐의 귀여운 표정을 보고 있던 월트 디즈니의 머릿속에 반짝 한 가지 생각이 떠올랐습니다.

"아, 그래! 이 世上세상에는 우리처럼 가난해서poor 눈물 흘리는 사람들이 얼마나 많은가. 그들을 위해 이 앙증스런 생쥐를 主人公주인공으로 재미있는 만화comic를 그리자. 슬픈 사람들이 만화를 보고 잠시나마 웃을 수 있으면 얼마나 좋을까. 그러면 希望희망을 가질 수 있을 게 아닌가!"

월트 디즈니의 얼굴에 함박웃음이 가득 차올랐어요.

> 함박웃음
> 크고 환하게 웃는 웃음

'이 앙증맞고 귀여운 생쥐의 이름name을 뭐라고 지을까? 그래, 미키 마우스(Mickey Mouse)라고 부르자.'

그날부터 월트 디즈니는 '미키 마우스'라는 생쥐를 주인공으로 한 만화를 그리기 시작했습니다start.

"여보, 드디어 完成완성했어요. 내가 봐도 너무 재미있어."

"그동안 苦生고생했어요."

"출판해 줄 곳이 있는지 내가 나가서 알아보고 올게."

出版社출판사와의 계약은 그날 당장 이루어졌습니다.

"하하하, 너무 새로운 주인공이오. 어린이들이 반하겠는데요."

월트 디즈니의 만화는 출판되자마자 굉장한 인기popularity를 얻었고, 그의 수입은 헤아릴 수 없을 정도로 엄청나게 불어났습니다. 世界세계 20여 개국의 출판사에서 앞을 다투어 출판하여 '미키 마우스 신드롬syndrome'이 일어날 정도로 전 세계를 열풍으로 몰아넣었지요.

디즈니 만화는 每月매월 3천만 부라는 엄청난 판매 부수를 기록했어요. 또 함께 제작된 미키 마우스 인형doll 또한 어린이들에게 꿈dream을 심어 주는 친구로 자리 잡으며 전 세계 어린이들의 사랑love을 독차지하게 되었답니다.

출판하다
책, 그림 등을 인쇄하여 세상에 내놓다.

수입
거두어들인 돈이나 물품

신드롬
어떤 것을 좋아하는 사람이 많아져 전체를 휩쓰는 현상

부수
책이나 신문 등의 출판물을 세는 단위인 부(部)의 수효

알아두면 굿, 굿!

훗날 자신의 성공에 대해 월트 디즈니는 이렇게 말했습니다.

"미키 마우스는 생활 주변에 살아 있는 아이디어가 얼마나 중요하고 위대한 것인가를 잘 보여 주는 생생한 교훈이지요."

그는 '미키 마우스'라는 아이디어 하나로 일약 억만장자가 되어 세계적 명물인 디즈니랜드까지 건설하기에 이르렀어요. 세계의 어린이들이 가고 싶어하는 꿈과 환상의 놀이동산인 디즈니랜드는 가난한 화가의 작은 아이디어에서 탄생한 멋진 열매랍니다.

생각하게 만드는 사고력 훈련 동화

12. 양이 적게, 더 적게

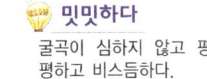
밋밋하다
굴곡이 심하지 않고 평평하고 비슷하다.

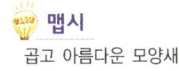
맵시
곱고 아름다운 모양새

　우리에게도 낯익은 코카콜라(Coca-Cola) 병은 다른 밋밋한 유리병에 비해 아주 맵시가 있습니다. 갸름한 몸체에 허리가 잘록 들어간 모양의 디자인이 돋보이지요. 코카콜라는 世界세계 어디에서나 흔히 볼 수 있기 때문에 우리나라의 어린이들도 아마 모르는 어린이가 없을 거예요. 그러나 이 병이 어떻게 해서 제품으로 만들어졌는지 아는know 사람은 많지 않답니다. 이 코카콜라 병의 디자인 하나로 당시 18세였던 靑年청년 루드는 600만 달러라는 큰돈을 벌었습니다.

　루드는 1905년 미국 조지아 주에서 가난한 農夫농부의 아들로 태어났어요. 루드는 놀라운 끈기를 지닌 소년이었지요.

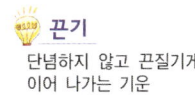
끈기
단념하지 않고 끈질기게 이어 나가는 기운

양이 적게, 더 적게　75

루드가 일곱seven 살 때, 밤늦도록 집에 돌아오지 않은 적이 있었습니다. 걱정이 된 부모님은 아들을 찾아 나섰지요. 결국 부모님은 루드를 찾지 못하고 집으로 돌아왔는데, 새벽dawn이 다 되어서 루드가 지친 모습으로 나타났어요.

　　"루드! 대체 어디에 있었니? 얼마나 걱정했는지 알아?"

　　부모님은 화내는 것도 잊은 채 그를 와락 껴안았습니다.

　　"죄송해요. 토끼rabbit를 쫓느라고 그만……."

　　말을 다 끝내지도 못하고 루드는 精神정신을 잃고 쓰러졌어요. 그의 손에는 큼직한 산토끼 한 마리가 쥐어져 있었습니다. 15시간도 넘게 토끼를 뒤쫓아 맨손으로 잡은 것입니다. 그는 무슨 일을 한번 시작하면 中間중간에 포기하는 법이 없었어요.

　　루드는 어려운 집안 형편 때문에 中學校중학교에 진학하지 못했습니다.

　　'괜찮아. 일해서 내 힘으로 공부하면study 돼. 일단 내가 할 수 있는 일은 뭐든지 다 해서 돈money을 모아야지.'

　　루드는 失望실망하지 않고 도시로 떠났습니다. 그곳에서 신문도 배달하고 구두도 닦으며 돈을 벌었어요. 또 철공소에서 일도 거들었습니다. 돈을 벌 수 있는 일은 무엇이든 가리지 않았어요.

큼직하다
꽤 크다.

진학하다
상급 학교에 들어가다.

철공소
쇠로 온갖 기구를 만드는 공장

그렇게 3년을 일하자 루드는 어느덧 병을 만드는 작은 공장의 技術者기술자가 되어 있었습니다. 그리고 예쁘고 마음씨 착한 여자 친구girlfriend도 생겼습니다. 루드는 쉬는 날이면 여자 친구 주디와 즐거운 나들이를 가곤 했어요.

이때 미국에서는 코카콜라가 개발되어 큰 人氣인기를 끌고 있었어요. 처음 맛보는 산뜻한 탄산음료에 사람들은 완전히 마음을 빼앗기고 말았습니다.

탄산음료
이산화탄소를 물에 녹여 만든 음료. 맛이 산뜻하고 시원하다.

어느 날 주디가 코카콜라 사에서 낸 신문newspaper 광고를 들고 루드 앞에 나타났습니다. 그 광고를 보는 순간, 루드는 가슴이 쿵쾅거렸습니다. 광고의 內容내용은 간단했어요simple.

'코카콜라 병 현상 모집. 賞金상금은 최하 1백만 달러에서 최고 1천만 달러.'

현상
무엇을 모집하거나 구하는 일에 현금이나 물품을 내걺.

입mouth이 딱 벌어질 만큼 엄청난 금액이었습니다. 그 자리에서 루드는 여자 친구에게 말했어요.

"주디! 우리 잠시 동안 만나지 말자. 이건 하늘이 준 機會기회야. 이 기회를 잡아야 우리의 미래future가 열리는 거야. 6개월 뒤에 다시 만나러 와, 응?"

"그래, 열심히 노력해 봐."

양이 적게, 더 적게

밤낮없이
언제나

몰두하다
온 정신을 기울여 열중하다.

당장 공장을 그만둔 루드는 그 후 밤낮없이 연구에 몰두했습니다. 루드는 모양이 예쁘고 물water에 젖어도 미끄러지지 않고, 보기보다 양이 적게little 들어가는 병을 만들기 위해 연구에 매달렸습니다. 너무 양이 많이much 들어가면 이익이 많이 떨어지기 때문입니다.

6개월째 되던 날, 아직 완성품을 만들지 못했는데 約束약속대로 주디가 찾아왔습니다. 한껏 멋을 부렸다는 것을 한눈에 알 수 있었지요. 주디는 당시 유행하던 몸매가 드러나 보이는, 몸body에 꽉 끼는 긴long 주름치마를 입고 있었습니다. 주디를 보는 순간 루드의 얼굴이 환하게 빛났어요.

"잠깐! 주디, 그대로 서 있어."

"왜 그래, 루드?"

루드는 영문도 모른 채 놀라는 주디의 모습을 그 자리에서 재빨리 스케치해sketch 나갔습니다.

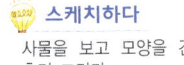
스케치하다
사물을 보고 모양을 간추려 그리다.

'와, 꽉 끼는 옷을 입으니 주디의 몸매가 너무 예쁘구나. 그래, 코카콜라 병에 저 아름다운beautiful 곡선을 넣어 보면 어떨까? 곡선은 직선보다 양이 더 적게 들 거야.'

주디를 보면서 루드는 새로운 아이디어를 떠올린 것입니다.

다음 날 루드는 바로 특허청에 찾아가 이 병에 대한 特許특허 출원을 했습니다. 그리고 見本견본을 가지고 코카콜라 사의 사장을 찾아갔습니다. 하지만 사장은 고개를 내저었어요.

"참 멋진wonderful 병이지만, 가운데 볼록 튀어나온 部分부분이 있어서 양이 너무 많이 들어갈 것 같소. 멋지고 양이 적게 들어가는 병을 만들어야 하오."

그러나 여기서 물러설 루드가 아니었습니다.

> **특허**
> 발명, 의장 등에 관하여 독점적·배타적으로 가지는 지배권
>
> **출원**
> 청원이나 원서를 냄.
>
> **견본**
> 본보기로 보이는 물건

양이 적게, 더 적게

"사장님, 제 병과 사장님의 물컵 가운데 어느 것에 더 많은 양이 들어갈까요?"

"아니, 그걸 말이라고 하오? 당연히 당신의 병에 물이 더 많이 들어가지 않겠소?"

루드는 아무 말 없이 병에 물을 가득 채운 다음 물컵에 따랐습니다. 그런데 이게 웬일이지요? 물컵의 80% 정도만 채워지는 것이 아닙니까. 그러자 사장의 態度태도가 완전히 달라졌습니다.

> **권리**
> 특정한 이익을 주장할 수 있는 법률상의 능력

"루드! 당신의 權利권리를 사겠소. 이 자리에서 당장 right now 계약합시다!"

정말 그 자리에서 계약이 이루어졌습니다. 무려 600만 달러라는 큰돈이 한꺼번에 그의 손에 들어온 것입니다. 루드는 주디와 결혼하여 marry 그의 고향에서 유리 제품 공장을 운영하며 행복한 一生일생을 보냈답니다.

> **일생**
> 태어나서 죽을 때까지의 동안

알아두면 굿, 굿!

"나는 세상에서 가장 신나는 직업을 가지고 있다. 매일 일하러 오는 것이 그렇게 즐거울 수가 없다. 항상 새로운 발상을 통해 도전과 기회와 배울 것들이 나를 기다리고 있기 때문이다. 누구나 나처럼 무엇이든 거꾸로 생각해 보는 역발상을 즐긴다면 결코 탈진하는 일이 없을 것이다."

마이크로소프트 사를 설립한 미국의 컴퓨터 황제 빌 게이츠가 한 말이에요.

새로운 것을 찾으려고 자꾸 생각하고 도전하면 창의성이 놀랍게 향상됩니다. 생각은 생각만 물고 오는 것이 아니라 생각의 열매까지 물고 오거든요.

생각하게 만드는 사고력 훈련 동화

13. 물을수록 비싸집니다

흉상
사람의 모습을 가슴까지만 표현한 그림, 조각

경영하다
기업이나 사업 등을 운영하다.

정가
정해 놓은 가격

　　미국의 100달러짜리 지폐에는 미국인들이 尊敬존경하는 인물인 벤저민 프랭클린의 흉상이 그려져 있습니다.

　　프랭클린이 젊은 시절, 서점을 경영하고 있을 때입니다.

　　어느 날 손님customer 한 분이 와서 책을 이리저리 뒤적거리다가 책 한 권을 골라 놓고 값price을 물어보았습니다. 고급 양복을 차려입은 멋진 紳士신사였지요.

　　"이 책은 값이 얼마요?"

　　"네?"

　　모든 책에는 定價정가가 표시되어 있는데도 불구하고 굳이 묻는 것이 프랭클린에게는 이상하게 생각되었습니다.

'혹시 글을 못 읽는read 건 아닐까?'

이렇게 생각한 프랭클린은 공손하게 對答대답했습니다.

"네, 1달러입니다."

그러자 이 손님이 이맛살을 조금 찌푸리면서 말했습니다.

이맛살
이마에 잡힌 주름살

"에이, 너무 비싸요expensive. 두께가 이렇게 얇은데…좀 싸게 살 수 없을까요? 값을 약간만 좀 깎읍시다."

프랭클린이 대답했습니다answer.

"네, 그러면 1달러 15센트에 드리겠습니다."

"아니, 여보쇼! 1달러가 비싸서 조금만 깎아 달라는 사람한테 15센트를 더 붙이는 건 뭐요? 엉?"

프랭클린은 빙그레 웃으면서smile 말했습니다.

"이제 그 책값은 1달러 50센트입니다."

이 손님이 자꾸 깎자며 말을 붙일 때마다 책값은 계속 올라갔습니다. 마지막에 프랭클린이 친절하게 웃으며 설명을 했습니다.

"손님, 시간time은 돈보다 귀한 것입니다. 우리 서점은 정가 판매가 原則원칙입니다. 案内板안내판에도 씌어져 있지 않습니까. 그런데도 자꾸 깎자고 제 시간을 빼앗았으니 그 책값은 이제 더 비쌀 수밖에 없습니다."

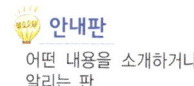
안내판
어떤 내용을 소개하거나 알리는 판

물을수록 비싸집니다

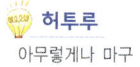
허투루
아무렇게나 마구

프랭클린은 조금이라도 시간을 허투루 쓰지 않았습니다. 시간을 잘 活用_{활용}했던 프랭클린은 정치가이면서 과학자로서 사람들의 존경과 사랑을 받았답니다.

▶ 프랭클린

프랭클린(1706~1790)

미국의 과학자·정치가. 피뢰침의 발명 등 과학 분야를 비롯하여 고등 교육 기관 설립 등의 문화 사업에도 공헌했다. 미국 독립에 중요한 역할을 하는 등 정치·외교 분야에서도 활약했다.

알아두면 굿, 굿!

사람들은 친구가 돈 10원만 빌려 달라고 하면 얼른 빌려 줍니다. 그러나 만 원만 빌려 달라고 하면 잠깐 생각을 해 보지요. 만 원부터는 돈의 액수가 크기 때문에 머뭇거리는 것입니다.

그러나 친구가 자기랑 어디 좀 함께 가자고 하면 어떻게 할까요? 돈을 빌려 달라고 했을 때처럼 고민하지 않고 금세 따라나섭니다. 때로는 서너 시간 이상도 친구를 따라서 다니다 오지요. 사람들은 시간을 빌려 주는 일에 아주 인심이 좋다는 것을 알 수 있습니다.

그런데 실제로는 시간이 돈보다 훨씬 더 값진 것입니다. 시간은 한번 지나가고 나면 다시 돌아오지 않기 때문이지요. 시간을 허투루 쓰지 않고 아껴 쓸 줄 아는 어린이가 되어야겠습니다.

생각하게 만드는 사고력 훈련 동화

14. 그보다 더 긴 줄로

무굴 제국
16세기부터 19세기에 걸쳐 인도에 있었던 마지막 이슬람 제국

처리하다
일을 절차에 따라 마무리하다.

어전
임금이 있는 궁전

인도India 무굴 제국의 악바르 황제 때, 베발이라는 지혜로운 사람이 있었습니다. 어떤 일을 만나도 지혜롭게 처리하여 인도 國民국민의 존경을 한 몸에 받고 있었지요.

하루는 황제가 臣下신하 몇 사람을 어전으로 불렀습니다. 베발도 그 신하들 가운데 하나였어요.

'무슨 일일까?'

베발은 황제가 自己자기를 부를 만한 일이 없었기 때문에 고개를 갸웃거리며 어전으로 들어갔습니다. 다른other 신하들은 벌써 다 와 있었어요.

"으흠, 다들 모이셨구려. 에헴~!"

"폐하, 人事인사를 여쭈옵니다."

한 줄line로 길게 늘어섰던 신하들은 황제를 향해 허리를 깊숙이 숙이며 대답하였습니다.

"............"

그러나 황제는 신하들의 말에는 아무런 대꾸도 하지 않고 느닷없이 벽wall에다 줄을 하나 쓱 그었습니다.

그러더니 엄한 表情표정으로 신하들에게 말하였습니다.

"잘 듣도록 하여라. 지금부터 그대들은 내가 이 벽에 그어 놓은 줄을 짧게short 만들 수 있는 方法방법을 찾아라. 단, 이 줄에 절대 손hand을 대서는 안 된다. 일절 손을 대지 않고 이 줄을 짧게 만들어야 한다."

황제의 말이 끝나자 모든 신하들의 얼굴face에 당황스러운 빛이 떠올랐습니다. 이런 말도 안 되는 일을 시키는 것이 당황스러울 뿐이었어요.

'아니, 國家국가의 살림에 대해서나 물어보실 일이지, 무슨 엉뚱한 놀이play를 하시려고 하시나?'

'후유, 이걸 어떡하지? 그냥 못 한다고 할까? 하지만 못 한다고 하면 불호령이 떨어질지도 몰라.'

대꾸
남의 말을 듣고 그 자리에서 제 의사를 나타냄.

느닷없이
아무 낌새도 없이 갑작스럽게

일절
아주, 전혀, 절대로

살림
국가나 집안의 재산을 관리하고 경영하는 일

그보다 더 긴 줄로 87

분부
아랫사람에게 명령이나 지시를 내림.

신하들의 얼굴에 마땅치 않아 하는 표정이 뚜렷했지만, 황제의 지엄한 분부order에 감히 못 한다는 말을 할 수는 없었습니다.

'손만 댈 수 있다면 누워서 떡 먹기인데……'

얼굴 표정을 보니 거의가 같은 생각을 하고 있는 듯했습니다. 그 줄에 손만 댈 수 있다면 누구든 할 수 있는 일이지만 손을 댈 수 없다면 不可能불가능한 일입니다.

그때 신하들 가운데 서 있던 베발이 벽 쪽으로 성큼 다가섰습니다. 正答정답을 알고 있는 듯한 자신만만한 태도였어요.

'응? 어떻게 하려고 저러지?'

주목하다
주의 깊게 보다.

신하들이 호기심curiosity이 가득한 눈으로 베발을 注目주목하고 있었습니다.

베발은 벽 앞에 다가서더니 망설임 없이 시원하게 줄 바로 밑에 다른 줄을 하나 쓰윽 그었어요. 황제가 그은 줄보다 조금 더 길게 그었지요. 그랬더니 신기하게도 사람들 눈에는 황제가 그은 줄이 相對的상대적으로 더 짧아 보이는 것이 아니겠습니까.

상대적
서로 맞서거나 비교되는 관계에 있는

'와, 진짜 짧아 보이는구나.'

베발이 하는 행동action을 보고 황제는 몇 번이나 고개를 끄덕이며 미소를 지었습니다.

"역시 그대는 지혜롭구려wise."

"아닙니다. 누구나 여러 방면으로 자유롭게free 생각해 보면 방법을 찾을 수 있는 법입니다."

줄을 짧게 만드는 方法방법은 그 줄을 지우개eraser로 지우거나 가위scissors로 싹둑 자르는 방법만 있는 것이 아닙니다. 그 줄 바로 아래 그 줄보다 더 긴 줄을 그으면 된다는 생각! 그것을 우리는 지혜wisdom라고 부릅니다.

그보다 더 긴 줄로

알아두면 굿, 굿!

우리의 머릿속에는 관습이나 교육에 의해 오랫동안 쏟아 넣어져 머릿속에 굳게 자리 잡은 편견들이 있습니다.
'남자는 치마를 입으면 안 된다.', '여자는 요리를 잘해야 한다.' 등등.
그러나 예전에 영국의 귀족들은 체크무늬의 두꺼운 치마를 입었습니다. 그 당시 치마를 입은 귀족 청년들을 놀리는 사람은 아무도 없었지요.
마음을 활짝 열고 고정 관념의 벽을 부수어 보세요. 생각이 더 자유롭게 날아오를 거예요.

생각하게 만드는 사고력 훈련 동화

15. 따로따로 바꿔 달면

"여보, 出勤출근하게 얼른 새 와이셔츠dress shirt 좀 줘요!"

와이셔츠는 보기에 깔끔하고 멋스럽지만 하루만 입어도 목neck 부분과 소매 부분이 때가 타기 때문에 매일 洗濯세탁을 해야만 하지요. 또 세탁을 자주 하다 보니 이 두 部分부분은 와이셔츠의 다른 부분보다도 먼저 닳게 됩니다.

"여보, 이걸 어쩌지요? 다른 부분은 아직 새것처럼 멀쩡한데 소매가 다 해어져서 보기에 안 좋네요. 그렇다고 또 사자니 너무 아깝고요. 후유……."

와이셔츠를 입고 출근하는 식구가 있는 家庭가정에서 흔히 볼 수 있는 풍경이지요.

와이셔츠
양복 바로 안에 입는 서양식 윗옷. 칼라와 소매가 달려 있고 넥타이를 매는 부분이 있다.

닳다
갈리거나 오래 쓰여서 물건이 낡거나 크기 등이 줄어들다.

해어지다
닳아서 떨어지다.

그런데 이런 問題문제에 대한 해결책을 만들어 낸 아주머니가 있답니다.

미국의 '트로이'라는 마을에 사는 대장장이의 아내wife인 몬타크 부인에게는 빨래wash를 하는 일이 가장 힘든 노동이었습니다. 남편의 職業직업이 대장장이라서 하루 종일 대장간에서 먼지와 땀범벅으로 일하기 때문이지요. 그래서 와이셔츠의 목 부분이 기름에 찌든 듯 더러워져 빨래하기가 몹시 힘들었습니다.

"우리 남편은 뜨거운 불fire 앞에서 연장 만드느라고 苦生고생, 나는 우리 남편 작업복 셔츠 빠느라고 고생! 정말 빨래하기가 너무 힘들구나."

몬타크 부인은 남편의 와이셔츠를 세탁하는 문제로 늘always 고심했습니다.

당시만 해도 요즘처럼 때dirt가 쏙쏙 빠지는 세제나 세탁기가 있었던 것도 아니고, 그냥 와이셔츠에 비누칠을 해서 벅벅 문질러 빨아야 했지요. 옷감cloth도 워낙 비싸서expensive 가난한 대장장이가 여러 벌의 와이셔츠를 갖는다는 것은 꿈도 꿀 수 없는 일이었습니다.

"여보, 와이셔츠를 입지 않으면 안 될까요?"

대장장이
쇠를 달구어 연장을 만드는 사람

땀범벅
몸과 옷이 땀으로 뒤섞인 상태

고심하다
몹시 애를 태우며 마음을 쓰다.

"그래도 그건 가게에 찾아오는 손님들께 禮儀예의가 아니오."

남편은 몬타크 부인이 고생하는 것도 모르고 와이셔츠만 고집하였습니다insist.

'너무 힘들어. 무슨 좋은 方法방법이 없을까?'

날마다 反復반복되는 힘든 빨래 문제로 몬타크 부인은 잠시도 쉴 틈이 없었습니다.

그러던 어느 날, 남편이 나가면서 아내에게 말했습니다.

"오늘은 대장간 일이 바쁘니busy 당신이 나를 좀 도와줬으면 좋겠소."

"알았어요. 설거지 끝내고 나갈게요."

몬타크 부인은 대장간에 나가서 남편의 일을 거들다가 놀라운 光景광경을 보게 되었지요.

물레방앗간집 할아버지old man가 대장간에 들어서며 몬타크 부인의 남편에게 말했습니다.

"삽shovel이 망가졌네. 좀 고쳐 주게."

그러자 남편이 삽을 받아 들고 이리저리 살펴보더니 별것 아니라는 듯 말했습니다.

"네, 다른 덴 아무 문제 없고요, 삽날만 갈아 끼우면 되겠네요."

그러더니 남편은 금세 삽날을 갈아 끼워 할아버지에게 내밀었습니다.

"허허, 완전히 새것이 되었구먼."

할아버지는 매우 만족스러운 얼굴로 삽을 들고 돌아갔습니다.

그 모습을 보면서 몬타크 부인의 머리에 번쩍 떠오르는 생각이 있었지요.

'삽 全體전체를 바꾸지 않고 망가진 삽날 부분만 새것으로 갈아 끼우니 새 삽처럼 되지 않았는가! 아, 그래! 남편의 와이셔츠도 칼라collar만 여러 개 만들어 바꿔 달면 되겠구나!'

그날 밤night 몬타크 부인은 밤을 새워 깨끗한clean 천으로 칼라를 몇 개 만들었지요. 그리고 이튿날 아침morning 와이셔츠를 찾는 남편에게 일부러 칼라가 없는 와이셔츠를 내밀었어요.

"이렇게 입고 나가라고? 칼라 없이 어떻게 입으라는 거요?"

칼라
와이셔츠, 양복 등의 목둘레에 길게 덧붙여진 부분

94 초·중학생이 꼭 읽어야 할 28가지 베리베리굿 아이디어 이야기

남편은 아내가 장난을 치는 줄 알고 화anger부터 냈습니다. 그때 몬타크 부인은 밤새 만든 칼라 하나를 내밀었습니다. 똑딱단추를 맞춰 누르자 칼라는 멋지게 제자리에 고정되었어요.

"이 칼라만 있으면 빨래를 半반으로 줄일 수 있어요. 이틀에 한 번만 세탁하면 되니까요."

그때서야 남편도 부인의 뜻을 알아차렸습니다.

"와, 훌륭하구려excellent 정말 기발한 아이디어요!"

"호호, 그렇지요? 우리만 쓰기에는 너무 아깝지요? 널리 알려야겠어요."

남편이 感歎감탄하는 것을 보고 자신을 가진 몬타크 부인은 와이셔츠의 칼라를 따로따로 만들기 시작했습니다. 그리고 '칼라 바꿔 다는 와이셔츠'라고 이름name을 붙였어요.

똑딱단추
수단추와 암단추를 눌러 맞추어 채우는 단추

입소문
입에서 입으로 전하는 소문

전역
어떤 지역의 전체

화제
이야깃거리

독점
다른 경쟁자를 배제하고 시장을 지배하여 이익을 독차지함.

명산지
어떤 물건에 대해 좋은 품질로 이름난 지방

　'칼라 바꿔 다는 와이셔츠'가 입소문을 타고 퍼져 나가자 미국 전역이 술렁거릴 정도로 話題화제가 되었습니다. 계속 주문이 밀려들자, 몬타크 부부는 대장간 일을 그만두고stop 와이셔츠와 칼라를 만드는 일로 직업job을 바꾸었습니다.

　어떻게 하면 조금 더 편리하게 살까를 열심히 窮理궁리한 결과 유익한 발명invention을 하게 되었던 것이지요.

　부부가 獨占독점 생산을 했기 때문에 몬타크 부부는 엄청난 돈을 벌었지요. 166년 전의 '칼라 바꿔 다는 와이셔츠'의 發明발명으로 지금까지도 트로이 마을은 미국 최고의 와이셔츠 명산지로 손꼽히고 있답니다.

알아두면 굿, 굿!

발명은 지식이 뛰어나거나 좋은 학교를 나온 사람만이 할 수 있는 것이 아니에요. 실제로 기발한 아이디어는 학교나 도서관에서 나오기보다 자연 속에서, 생활 속에서 비롯된 것이 훨씬 많답니다.

많이 보고, 많이 듣고, 많이 생각해야 좋은 생각들이 꼬리에 꼬리를 물고 이어집니다. 세계를 놀라게 한 많은 발명품들이 이런 꾸준한 노력에서 출발한 것이지요.

머리를 부지런히 사용해야 좋은 아이디어가 나온다는 것을 잊지 마세요.

인기 캐릭터들 다 보여라!

디즈니 만화 영화의 주인공 미키 마우스를 비롯하여 '뽀통령' '뽀느님'이라는 별명을 가진 뽀로로에 이르기까지 개성 만점 캐릭터들이 시대와 국경을 초월하여 큰 사랑을 받고 있습니다. 전 세계 대표 캐릭터들을 만나 보세요!

🇺🇸 시금치를 좋아하는 괴력의 사나이, 뽀빠이

"도와줘요, 뽀빠이!"

가냘픈 올리브는 위기에 처할 때마다 뽀빠이를 부릅니다. 뽀빠이는 시금치를 한 입 먹고 괴력의 사나이로 변하여 영원한 맞수인 부르터스를 물리치지요. 시금치를 먹으면 힘이 솟는 뽀빠이 덕분인지 1930년대에 미국에서는 시금치 소비량이 30%나 늘었대요. 이에 감격한 텍사스 주의 시금치 재배 농부들은 뽀빠이의 동상을 세워 주었답니다.

🇧🇪 개성 넘치는 파란 몸의 난쟁이들, 스머프

"랄랄라 랄랄라 랄라랄랄라~"

파란 몸에 하얀 모자와 옷을 걸친 난쟁이들이 노래를 흥얼거리며 걸어갑니다. 1958년에 벨기에서 탄생한 만화 캐릭터 '스머프'이지요. 파파 스머프, 똘똘이 스머프, 투덜이 스머프 등 개성 있는 스머프들과 스머프를 노리는 어리석은 마법사 '가가멜'의 갈등이 무척 재미있습니다.

태어난 지 50년이 넘은 스머프가 최근에 핸드폰 광고와 영화에 등장하며 주목을 받고 있어요. 잘 만든 캐릭터의 인기는 세월이 가도 식지 않나 봅니다.

🔴 입이 없어 신비로운 고양이, 헬로 키티

일본에서는 고양이가 행운을 상징하는 동물이라고 해요. 1974년 일본의 캐릭터 회사인 산리오 사는 "개 캐릭터인 스누피가 있으니, 우리는 고양이 캐릭터를 만들자."라며 '헬로 키티'를 만들었습니다.

키티의 얼굴을 가만히 살펴보면 이상한 점을 느낄 수 있어요. 키티에게는 입이 없거든요. 그래서인지 귀여운 얼굴의 키티가 가끔은 믿음직스럽기도 하고 신비로워 보이기도 합니다. 아무런 조건 없이 내 말을 들어주고 나를 위로해 줄 것 같다는 느낌을 주기 때문인지 키티는 긴 세월 동안 많은 사람들의 사랑을 받고 있답니다.

🇰🇷 우리나라에서 태어난 어린이들의 대통령, 뽀로로

뽀로로와 친구들이 우리나라 어린이들에게 큰 인기를 모으고 있습니다. 호기심 많은 꼬마 펭귄 뽀로로, 과학자를 꿈꾸는 여우 에디, 장난꾸러기 공룡 크롱, 커다란 몸집의 백곰 포비, 부끄럼쟁이 수달 루피 등 귀여운 동물 캐릭터에 어린이들이 흠뻑 빠졌지요. 뽀로로는 어린이들의 대통령이라고 '뽀통령', 어린이들의 하느님이라고 '뽀느님'이라는 별명까지 얻었답니다.

100개국이 훨씬 넘는 나라에 수출되고, 장난감·의류·식기·문구용품 등 관련 상품이 44만 개가 넘는다고 하니 그 인기가 놀랍기만 합니다.

생각하게 만드는 사고력 훈련 동화

16. 천막 천으로 만든 청바지

캘리포니아
미국 서부, 태평양 연안에 자리한 주(州). 19세기 중엽부터 금광과 석유의 발견으로 급속히 발전하였다. 샌프란시스코 시는 그 무렵 성장한 대표적인 도시이다.

1850년 무렵, 미국 西部서부의 캘리포니아California에서 엄청난 양의 黃金황금이 쏟아져 나왔습니다. 황금은 곧 돈이니 미국의 힘 있는 남자들은 모두 서부로, 서부로 몰려들었지요.

"황금이 쏟아진다고? 직장이고 뭐고 일단 서부로 가자!"

직장이 없는 사람들은 물론이고 安定안정된 직장을 가진 사람들까지 설레는 마음을 누를 수가 없었어요.

'언제까지 이런 쥐꼬리만 한 월급salary을 받으며 살아야 하지? 그래, 나도 이번 기회에 모험을 해 보자. 황금 한 덩어리만 찾아도 내 인생은 成功성공이야! 옆집에 사는 켄도 서부로 떠났다는데 나도 당장 직장을 그만두고 出發출발해야지.'

모험
위험을 무릅쓰고 어떤 일을 함.

황금을 캐기 위해 모여드는 '서부의 사나이'들 때문에 샌프란시스코 같은 도시는 이른바 '골드러시(gold rush)'를 이루었습니다. 황량한 벌판이었던 곳이 하루가 다르게 북적북적 사람들로 붐비는 천막촌으로 변해 갔어요.

이 덕분에 幸福행복한 비명을 지르는 한 사나이가 있었습니다. 천막tent 천을 생산하는 일을 하던 리바이 스트라우스였지요.

"4인용 천막 천 3장만 급히 부탁합니다."

"우리는 12인용이오. 좀 넉넉하게 만들어 주시오."

"돈은 갑절로 드릴 테니 내일까지 천막 천 10장만 부탁하겠소."

그는 밀려드는 注文주문에 정신이 없었습니다.

'야, 사람이 살다 보니까 이런 幸運행운의 날도 오는구나. 기회가 주어졌을 때 열심히 일해서 한몫 단단히 마련해야겠다.'

스트라우스는 일에 쫓겨서 밥을 먹지 않아도 배가 고픈 줄 모를 만큼 행복했습니다happy. 부자가 되는 지름길을 지금 달리고 있다고 생각했으니까요. 어깨shoulder도 저절로 으쓱 펴지고 콧노래도 흥얼거리게 되었지요.

이렇게 바쁘게 지내던 어느 날, 軍納군납 알선업자가 스트라우스를 찾아왔습니다.

골드러시
새로운 금 산지를 발견하여 사람들이 그곳으로 몰려드는 현상

천막촌
천막을 치고 사는 사람들이 모여 있는 지역

갑절
어떤 수량을 두 번 합한 만큼

군납
군(軍)에 필요한 물품을 대는 일

알선업자
남의 일이 잘되도록 주선하는 사람

"**大型**대형 천막 10만 개 **分量**분량의 천막 천을 납품할 수 있겠습니까?"

"네? 10만 개나요?"

스트라우스의 벌어진 입mouth이 다물어질 줄 몰랐어요. 떼돈을 버는 일이 **分明**분명했으니까요. 이 일만 잘 이루어지면 황금 못지 않은 큰돈이 들어오게 됩니다.

"날짜를 맞춰 주시오. 그럼 바로 대금을 다 드리겠소."

이 일은 **軍隊**군대에 보낼 물품이니 **國家**국가에서 하는 일이나 다름이 없었습니다.

"네, 하겠습니다."

"날짜가 얼마 남지 않았는데 할 수 있겠소?"

"네, 물론입니다of course. 저는 **約束**약속을 지키는 사람이니 믿어 주십시오."

"그럼 믿고 있겠소."

"네, 아무 걱정 마십시오."

스트라우스는 당장right now 돈을 구하는 것이 급했습니다. 창고에 있는 것은 겨우 대형 천막 50여 개 분량 정도였거든요. 그만한 양의 천을 생산하려면 **現金**현금이 필요했지요.

'아, 돈을 마련해야 하는데……. 할 수 없다. 돈을 빌릴 수밖에……. 납품만 끝나면 곧바로 돈이 들어오니까.'

結局결국 스트라우스는 엄청난 빚debt까지 얻어 대량의 천 생산에 들어갔습니다.

> **빚**
> 남에게 갚아야 할 돈

그런데 생각지 않은 問題문제가 터지고 말았어요. 큰소리쳤던 군납 알선업자의 말이 물거품이 되고 만 것입니다.

> **물거품**
> 물이 부딪쳐서 생기는 거품. 노력이 아무 보람 없이 된 상태를 비유적으로 이름.

"미, 미안하게 되었소. 다른 업체의 物件물건이 먼저 군대에 납품되고 말았소."

"뭐라고요? 그걸 말씀이라고 하세요?"

"일이 급하게 進行진행되는 바람에……."

스트라우스는 눈앞이 캄캄했습니다. 있을 수 없는 일이 일어나고 만 것이지요. 꿈에도 상상해 보지 못했던 일이 현실로 눈앞에 벌어져 있었습니다.

'이 일을 어떡해?'

대형 천막 10만 개를 만들 수 있는 산mountain처럼 쌓인 천막천, 날로 심해 가는 빚 독촉……. 직원들의 月給월급도 줄 수 없는 처지에 스트라우스는 精神정신을 차릴 수가 없었습니다.

> **독촉**
> 빨리 하도록 재촉함.

> **헐값**
> 물건의 원래 가격보다 훨씬 싼 값

'억울하지만 천막 천을 헐값에라도 넘겨야겠다.'

스트라우스는 발이 부르트도록 돌아다니며 천막 천을 팔았지만 어림없는 일이었어요. 산더미 같은 천은 줄어들지 않고 여전히 산처럼 떡 버티고 있었습니다.

산더미
물건이 많이 쌓여 있음을 비유적으로 이름.

'아, 더 이상 버틸 힘energy이 없구나. 이제 어쩌면 좋지? 왜 그렇게 사람의 말을 쉽게 믿었던고. 철저히 調査조사만 해 보았어도 이런 일은 없었을 텐데……'

조사
어떤 사물에 대해 자세히 살펴보거나 찾아봄.

지칠 대로 지친 스트라우스는 모든 것을 포기하고 싶었습니다. 그렇다고 포기할 수도 없어 터덜터덜 술집으로 갔어요. 술집 안은 金鑛금광에서 일하는 광부들로 요란스러웠습니다. 술을 청해 마시던 스트라우스의 눈 속에 술집 한구석에 옹기종기 모여 앉아 다 해어진 바지trousers를 꿰매고 있는 광부들의 모습이 들어왔어요. 광부들은 금을 캐기 위해 家族가족과 떨어져 혼자 왔기 때문에 옷도 직접 꿰매 입을 수밖에 없는 고달픈 처지였지요.

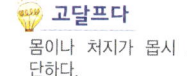

금광
금을 캐내는 광산

고달프다
몸이나 처지가 몹시 고단하다.

"허…, 바지 천이 아주 누더기가 다 되었군. 질긴 천막 천을 쓰면 저렇게 쉽게 떨어지지 않을 텐데……."

自己자기도 모르게 스트라우스가 혼잣말을 내뱉었습니다.

바로 그 순간, 스트라우스는 술잔을 내려놓고 손으로 무릎knee을 탁 쳤습니다.

골칫거리
처리하기 힘든 일

첫선
처음 세상에 내놓음.

어지간하다
정도나 형편이 기준에서 크게 벗어나지 않은 상태이다.

"아, 그래! 그러면 되겠다!"

그로부터 1주일 후, 스트라우스의 골칫거리였던 천막 천이 천막이 아닌 다른 형태의 상품으로 市場시장에 첫선을 보이게 되었습니다.

다름 아닌 청바지jeans였지요!

어지간해서는 닳지 않는 질긴 천막 천으로 만들어진 이 검푸른 바지는 시장market에 나오자마자 입에서 입으로 전해지며 날개 돋친 듯이 팔려 나갔습니다. 쉽게 해어지지 않는 튼튼한 바지가 必要필요 했던 광부들은 물론 멋 부리기 좋아하는 일반 사람들, 특히 젊은이들에게 큰 인기를 모았거든요.

시장에 얼굴을 내민 당시의 한 해 販賣量판매량도 엄청났습니다.

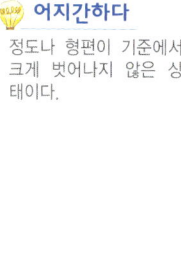
나도 입고 싶다!

1년 판매량 2천만 벌, 純利益순이익 6천만 달러!

  천막 천 장수 스트라우스가 만들어 낸 청바지는 당시 전 산업 분야에 걸쳐 單一단일 품목 중 가장 많이 팔렸습니다sell. 그리고 또 가장 높은 순이익을 올린 물품으로 기록되었다고 하네요.

순이익
총이익에서 온갖 비용을 빼고 남은 순전한 이익

단일
단 하나로 되어 있음.

리바이 스트라우스(1829~1902)

세계적인 청바지 브랜드 '리바이스'를 소유한 리바이 스트라우스 앤드 컴퍼니의 창립자. 유대계 독일인으로 19세기 중엽 미국으로 건너가 천막 천을 만드는 일을 하던 중에 청바지를 만들어 냈다.

알아두면 굿, 굿!

생각을 조금 바꾸었더니 천막 천이 멋진 청바지로 탄생되었네요. 실패를 통해 더 좋은 열매를 거두었으니 정말 대단합니다.

〈사운드 오브 뮤직〉이라는 영화를 보면, 주인공이 가정 교사로 들어간 집의 아이들을 위해 커튼으로 예쁜 옷을 만들어 입히는 이야기가 나옵니다. 주인공은 언제나 회색과 검정색 옷만을 입는 아이들이 안타까워, 알록달록 예쁜 색깔의 커튼으로 옷을 만들어 주지요.

실패에 좌절하지 않고 새로운 성공을 일궈 내는 놀라운 발상, 사랑의 마음이 만들어 낸 행복한 발상, 여러분도 오늘부터 시작해 보세요!

생각하게 만드는 사고력 훈련 동화

17. 엄벙덤벙 우리 아내를 지켜라

1900년대 초, 행복한 結婚式결혼식을 올린 한 쌍의 부부가 있었습니다. 바로 딕슨 부부였지요.

"여보, 우리 한평생 서로 도우며 행복하게 살아가요."

한평생
살아 있는 동안

신혼의 단꿈에 젖은 얼 딕슨에게 어린 아내wife는 너무나 귀엽고 사랑스러운 존재였습니다. 더욱이 딕슨은 아주 섬세하고 부드러운 性格성격을 지니고 있어서, 아내가 힘든hard 일을 할 때마다 나서서 도와주기를 좋아했어요.

'걱정이군. 결혼하기 전에는 장모님이 다 해 주셔서 아내가 요리cooking도 많이 해 보지 않았을 텐데 힘든 부엌일을 잘 해낼 수 있을까?'

장모
아내의 어머니

딕슨의 걱정대로 결혼 초 아내는 유난히 실수mistake가 많았습니다. 성격이 급한 아내는 요리를 하다가도 수없이 데고 베었습니다. 그래서 딕슨은 집house에 있을 때면 부엌일을 하는 아내 곁에서 注意주의를 주고 보살펴 주었습니다. 딕슨이 잠시만 한눈을 팔면, 아내는 금세 悲鳴비명을 지르기 일쑤*였어요.

"엄마야! 또 기름oil이 튀었어요! 애고, 뜨거워라!"

일쑤
드물지 않게 흔히 그러는 일

당근carrot이나 무 하나를 썰면서도 손가락을 베어 울상을 짓곤 했습니다.

"여보! 반창고* 좀 가져다 줘요! 여보, 붕대도요! 지금 피blood가 막 나고 있어요!"

딕슨은 붕대와 반창고로 治療치료를 한답시고 한바탕 소동*을 피워야 했습니다. 一週日일주일도 무사하게* 지나가기가 힘들 정도니 보통 심각한 일이 아니었지요.

"여보, 제발please 천천히! 조심 좀 하라니까!"

"괜찮아요. 아프지도 않은걸요. 누구나 처음부터 잘하는 사람은 없어요. 조금만 기다리면wait 익숙해져서 눈을 감고도 쓱싹 요리를 만들 수 있을 거예요."

손을 베어 놓고도 아내는 오히려 씩씩하게 큰소리치는 것을 잊지 않았어요.

다행히도 딕슨은 그때 외과 치료용 테이프tape를 제작하는 존슨 앤드 존슨* 사에 다니고 있어서 반창고를 사용하는 데에는 익숙했습니다.

'저렇게 덤벙거리는 성격인데, 내가 없을 때는 치료조차 제대로 할지 모르겠군. 붕대를 감고 반창고를 붙이고 하는 일이 귀찮아

엄벙덤벙 우리 아내를 지켜라

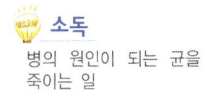
소독
병의 원인이 되는 균을 죽이는 일

서 消毒*소독도 안 한 채 그대로 지내면 큰일인데…. 내가 없을 때는 분명히 그냥 넘어갈 거야.'

딕슨은 자기가 출근하고 집에 없을 때가 걱정스러웠습니다.

'혼자서 쉽게 치료할 수 있다면 내가 곁에 없어도 安心안심이 될 텐데…. 좋은 方法방법이 없을까? 붕대와 반창고를 적당한 크기로 잘라서cut 붙여 놓으면 간편하니까 아내도 귀찮아하지 않고 치료하지 않을까?'

딕슨은 혼자서도 쉽게 치료할 수 있는 반창고를 만들기로 했습니다. 쉽게 사용할 수 있게 만들어 놓으면 아내도 반드시 사용할 테니까요.

거즈
붕대로 사용하는 무명베

딕슨은 먼저 거즈를 작은 조각으로 잘랐습니다. 그리고 자신이 아내의 손을 치료할 때의 經驗경험을 살려 외과 치료용 테이프를 일정한 크기로 자르고 그 안에 거즈를 작게 접어 가운데center 부분에다 붙였지요.

'그래! 이렇게 해 두면 傷處상처 부분에 그대로 붙이기만 하면 돼! 아주 간편해!'

그는 아내를 위한 이 아이디어idea에 마음이 흐뭇했어요. 하지만 이것으로 문제가 解決해결된 것이 아니었습니다.

'그런데 實際실제 생활에서 쓰자면 외과 치료용 테이프의 끈적끈적한 부분이 마음에 걸리는구나.'

또 다른 문제가 딕슨을 고민에 빠뜨렸습니다.

'그대로 펼쳐 놓자니 먼지dust나 벌레 따위가 붙을 테고……. 그러면 세균 감염 같은 문제도 생기고 말이야. 또 자칫 테이프가 말려 버리면 아무 소용 없게 되는데…….'

감염
병의 원인이 되는 미생물이 몸 안에 들어가 수를 늘려 가는 일

열심히 궁리한 끝에 딕슨은 해결책을 생각해 냈어요.

'그래, 이 방법뿐이야. 사용하지 않을 때는 다른 천에 붙여 두었다가 사용할 때 떼어 내고 쓰는 거야. 그러면 安全안전하고 깨끗하게clean 사용할 수 있어. 그런데 테이프를 붙여 둘 천은 어떤 것을 써야 하지?'

테이프를 붙여 둘 새로운new 천을 찾는 일이 급했습니다.

수소문
세상에 떠도는 소문을 두루 살핌.

딕슨은 오랜 수소문 끝에 나일론과 비슷한 種類종류의 직물인 크리놀린을 찾을 수 있었습니다. 表面표면이 매끄러워 테이프가 깨끗이 떨어지고 빳빳하여 보전 상태도 좋았습니다.

나일론
가볍고 부드럽고 탄력성이 강하나 습기를 빨아들이는 힘이 약한 합성섬유

'아, 됐다! 훌륭하다!'

결국 아내를 사랑하는love 마음이 그로 하여금 새로운 치료 도구를 開發개발하게 한 것이지요.

엄벙덤벙 우리 아내를 지켜라

그 덕분에 딕슨의 아내는 남편이 없어도 손쉽게 상처 난 부분을 소독하고 치료할 수 있게 되었습니다. 물론 딕슨도 안심하고 직장에서 열심히 일할 수 있게 되었고요.

그리고 덤으로 딕슨의 반창고는 상품으로 만들어지는 幸運행운까지 얻게 되었습니다. 회사에서 그의 아이디어를 상품화해 준 것이지요. 아내를 위해 만든 반창고는 大量대량으로 생산되어 전 세계로 팔려 나갔습니다. '밴드에이드(Band-Aid)'라고 하면 모르는 이가 없을 정도로 보통 명사처럼 되어 버린 것입니다.

대량
아주 많은 양

보통 명사
같은 종류의 물건에 두루 쓰이는 명사

두둑이
넉넉하게

이 일로 인해 딕슨은 회사에서 認定인정을 받고 상금도 두둑이 받았습니다. 무심코 넘겨 버릴 수도 있는 아내의 상처를 사랑의 마음으로 감싸 준 딕슨의 밴드는 지금도 많은 사람들의 작은 상처를 치료해 주고 있답니다.

알아두면 굿, 굿!

우리의 삶에 이로운 발명품의 속을 들여다보면 십중팔구 다른 사람에 대한 배려나 사랑이 담겨 있어요. 빨래하느라 고생하는 어머니를 보고 '좀 더 편하게 빨래를 하실 수 있는 방법이 없을까?' 하고 생각할 수도 있잖아요.

우리도 그런 생각을 해 보았으면 좋겠습니다. 주변에 내 도움이 필요한 사람이 없는지, 그 사람에게 내가 어떤 도움을 줄 수 있는지, 나의 상상력으로 그를 도울 어떤 물건을 만들어 낼 수 있을지…….

나를 위한 방법을 찾다가 발명을 하게 된 경우보다 남을 위해 생각하다가 멋진 발명을 이루어 낸 경우가 훨씬 더 많다는 것을 잊지 마세요, 여러분!

생각하게 만드는 사고력 훈련 동화

18. 음~♬, 음~♪ 향기가 좋아요

만담가
세상을 비판·풍자하는 이야기를 재미있고 익살스럽게 잘하는 사람

미국 버몬트 주에 사는 벌리판은 人氣인기 만담가였어요. 언제나 사람들에게 큰 웃음을 주었기 때문에 벌리판을 찾는 곳이 아주 많았습니다.

"후유, 바쁘다busy 바빠. 몸이 꼭 파김치 같아."

파김치
파로 담근 김치. 몹시 지쳐 맥이 풀린 상태를 비유적으로 이름.

벌리판은 너무 지쳐서tired 조금 쉬고 싶었지만 그럴 수가 없었습니다.

'그래도 불러 주는 곳이 많으니 얼마나 기쁜 일인가. 기쁜 마음으로 舞臺무대에 서야지.'

스케줄
시간에 따라 구체적으로 세운 계획

무리한 스케줄schedule 속에서 벌리판은 매일매일 바쁘게 살아갔습니다.

그러던 어느 날, 마침내 벌리판이 무대stage 위에서 쓰러지고 말았습니다.

병원에서 깨어난 벌리판은 의사doctor에게 물었습니다.

"선생님, 어디가 나쁩니까?"

"그동안 앓던 폐결핵이 惡化악화되었습니다."

벌리판은 고개를 끄덕였습니다.

"아, 그랬군요."

"벌리판 씨, 왜 좀 더 빨리 治療치료를 받지 않으셨습니까? 이제는 병이 심해져서 격리 치료를 해야만 합니다. 요양원에 들어가야 합니다."

그 당시만 해도 폐결핵은 고치기 어려운 病병이어서 건강한 사람들과 따로 격리된 채 치료를 받아야 했습니다.

벌리판이 入院입원한 요양원은 소나무pine가 울창한 산골 마을이었습니다. 맑고 깨끗한 空氣공기를 마실 수 있어서 폐결핵 환자들에게 아주 좋은 곳이었지요.

'여기서 꼭 완쾌해서 나가야지.'

벌리판은 마음을 차분하게 먹고 본격적인 鬪病투병 생활을 시작했습니다. 번잡한 도시에서 탁한 공기에 시달려 온 벌리판에게

폐결핵
폐에 결핵균이 침입하여 생기는 만성 전염병. 기침, 가래, 호흡 곤란 등의 증상이 나타난다.

격리 치료
전염성 환자나 면역력이 없는 환자를 따로 떼어 놓고 치료하는 일

요양원
환자들이 편안하게 쉬면서 병을 치료할 수 있도록 시설을 갖추어 놓은 기관

투병
병을 고치기 위해 병과 싸움.

번잡하다
번거롭게 뒤섞여 어수선하다.

솔잎 香氣향기 그윽한 산골 마을은 마치 天國천국과도 같이 느껴졌어요.

'아, 세상에! 솔잎 향기가 이처럼 상쾌할fresh 줄은 미처 몰랐어. 숨을 쉴 때마다 幸福행복을 들이마시는 것 같은 기분이 드는구나!'

솔잎 향기가 은은히 퍼지는 소나무 숲에서 산림욕*을 즐길 때마다 벌리판은 그 향기에 感歎감탄했습니다. 벌리판의 몸body은 매일매일 조금씩 자연 속에서 힘을 얻고 건강해져 갔습니다. 그래서 병원의 豫想예상과 달리 채 1년도 안 되어 다시 건강을 되찾게 되었지요.

'아, 고마운 솔잎 향기. 도시city로 돌아가면 너무나 그리울 것 같구나.'

벌리판은 도시로 돌아와서 다시again 인기 만담가로 무대 위에 섰습니다. 만담을 다시 시작하면서 그에게 문득 떠오르는 생각이 있었어요.

'솔잎 향기! 나는 그 덕을 너무 많이 보았어. 이 향기가 도시 사람들에게 나의 만담보다 더 큰 活力素활력소*가 될 게 분명해. 이 솔잎 향기를 도시 사람들에게 전달할 수는 없을까?'

> **산림욕**
> 건강을 위해 숲에서 산책하거나 숲 기운을 쐬는 일

> **활력소**
> 활동하는 힘이 되는 본바탕

벌리판은 며칠 동안 골똘히 생각했지만 좋은 아이디어idea가 떠오르지 않았습니다.

그러던 어느 날 저녁evening, 일을 마치고 집에 돌아와서 욕실에서 손을 씻고 있을 때, 문득 좋은 생각이 떠올랐습니다.

'아! 이거야!'

순간적으로 벌리판은 솔잎 비누soap를 생각해 낸 것입니다.

'씻을 때마다 솔잎의 향기를 맡을 수 있다면 얼마나 氣分기분이 좋겠는가. 마치 소나무 숲에 있는 것 같을 거야. 이 좋은 솔잎 향기를 나만 맡을 것이 아니라 모든 사람들이 다 맡을 수 있으면 좋을 텐데……'

벌리판은 곧 솔잎 비누를 만드는 일을 시작했지요. 그가 만든 비누는 의외로* 아주 간단했습니다simple. 기존의 비누 만드는 방법을 그대로 利用이용하면서 솔잎에서 뽑아낸 솔잎즙을 비누에 첨가하면 되었으니까요.

의외로
예상과 달리

첨가하다
이미 있는 것에 더하여 보태다.

그로부터 불과 2년 뒤, '벌리판의 솔잎 비누를 모르면 美國미국 사람이 아니다.'라는 말이 생길 정도로 솔잎 비누는 미국인의 큰 사랑love을 받게 되었지요. 벌리판은 솔잎 비누 하나로 미국에서 아주 有名유명한 인물이 되었답니다.

유익하다
이로운 면이 있다.

매혹적
남의 마음을 사로잡는 힘이 있는

그 후 세계world 여러 나라에서 각종 향기를 담은 수많은 비누를 만들어 냈습니다. 우리나라에서도 오이cucumber, 살구 씨, 알로에 등 여러 가지 有益유익하고 매혹적인 향기를 첨가한 비누가 탄생했답니다.

으음~ 쑥 향기가 솔솔~

음, 살구 향기. 마음까지 상쾌해진답니다.

알아두면 굿, 굿!

냄새에 대한 사람들의 관심이 나날이 높아져 가고 있습니다. 화장실 냄새나 옷에 묻은 냄새를 좋은 냄새로 바꾸어 주는 제품부터 몸에 뿌리는 온갖 향수, 향기 나는 신발과 옷까지 나왔지요. 향기 나는 인쇄 잉크가 개발되고 냄새를 종이에 입히는 방법까지 나와, 책을 읽으며 냄새를 맡을 수도 있답니다.

이대로 냄새에 대한 연구 개발이 계속된다면, 머지않아 냄새까지 전달하는 텔레비전, 휴대폰이 등장할지도 모를 일이지요.

"오늘 저녁은 매콤한 닭볶음탕이야. 빨리 들어오렴."

휴대폰을 통해 엄마의 목소리는 물론 닭볶음탕의 냄새까지 전달받을 수 있게 되지 않을까요?

생각하게 만드는 사고력 훈련 동화

19. 나는 충분하고 그대는 모자라니

생업
살아가기 위해 하는 일

역술가
해와 달의 운행과 사람과 운명 사이의 관계를 예측하는 사람

아첨하다
남에게 잘 보이려고 알랑거리다.

한나라 사람인 엄군평은 늘always 한가하게 살아가는 사람이었어요. 生業생업은 역술가였지만 하루 종일 일에 매달려 있지는 않았지요. 그는 용하기로 나라 안에 所聞소문이 나 있어서 많은 사람들이 그의 집을 찾아왔습니다.

"엄군평은 자기의 利益이익을 위해 아첨하는 사람이 아니오. 답답한 일이 생기거나 일이 꼬이면 그를 찾아가시오."

이렇게 소문이 나자 사람들이 대문 앞에 길게 줄을 섰습니다.

엄군평은 하루에 처리할 수 있는 사람만 받고 다음 날 오라고 했습니다. 처음에는 사람들이 不平불평을 하기도 했지만 날짜를 豫約예약해야 한다는 것을 알게 되자 그런 일도 없어졌습니다.

122 초·중학생이 꼭 읽어야 할 28가지 베리베리굿 아이디어 이야기

엄군평은 그날그날 살아갈 작은 액수의 돈만을 벌었어요.

"오늘today 벌이는 했으니 지금부터는 내 시간이다."

그리고 남은 시간에 산mountain에도 올라가고 강river에 가서 낚시도 하며 보냈지요. 특히 엄군평은 책book을 쓰기 위해 여러 가지 공부를 했습니다.

엄군평은 벼슬을 할 만한 學識학식을 갖추고 있었지만 벼슬길에는 오르지 않았어요. 당시 중국에서는 벼슬길에 오르려면 여러 모로 큰돈이 들었습니다. 그 때문에 타락한 벼슬자리를 아예 바라보지도 않는 人材인재들이 꽤 많았지요. 그들은 벼슬자리를 추구하지도 않고, 財物재물을 모으려고 아등바등하지도 않았습니다. 한적한 시골에서 남몰래 학문을 닦으며 자연과 더불어 살아가는 것이 마음 편했기 때문이지요.

사주를 봐 주는 일을 하는 엄군평이었지만 '주머니pocket 속에 들어 있는 송곳'을 감출 수 없듯이 그의 높은 학식도 나날이 입에서 입으로 퍼져 나갔어요. 그러자 그의 實力실력을 아까워하며 벼슬자리에 추천하고 싶어 하는 사람도 많이 생겼습니다.

"그대가 그렇게 남의 사주나 보고 있으면 되겠소? 내가 좋은 자리에 추천할 테니 벼슬길에 오르도록 하오."

벌이
일을 하여 돈을 벎.

벼슬길
나랏일을 하는 사람이 되는 길

타락하다
올바른 길에서 벗어나 잘못된 일을 하다.

아등바등하다
어떤 일을 이루려고 애쓰고 우겨 대다.

사주
사람이 태어난 날로 길흉화복을 점치는 일

"아닙니다. 그럴 생각이 없습니다."

엄군평은 많은 勸誘권유를 받았지만 늘 거절하고 받아들이지 않았습니다.

권유
어떤 일을 하도록 권함.

하루는 한 부자rich person가 엄군평을 찾아왔습니다. 이런저런 이야기들을 나누다가 부자가 엄군평에게 물었지요.

"理由이유를 모르겠군요. 왜 한사코 그 좋은 벼슬을 거절합니까? 남들은 하지 못해 안달을 하는 벼슬 아니오?"

"나는 벼슬을 할 생각이 없기 때문이지요."

당시에는 재물이 넉넉해야 벼슬길에도 오를 수 있었기 때문에, 부자는 재물이 부족한 엄군평에게 큰 善心선심을 베푸는 마음으로 찾아온 것입니다.

선심
남을 도와주려는 착한 마음

"허허, 그 속마음을 내가 모를 줄 아오? 재물 때문이라면 염려 마시오. 내가 충분히 대 주리다. 난 平生평생 쓰고도 남을 만큼 재물이 많소."

그 순간 온화하던 엄군평의 얼굴빛이 변하더니 벌컥 화anger를 냈습니다.

"나는 그저 벼슬을 하고 싶지 않을 뿐입니다. 그리고 나는 풍부하고 그대는 모자란데 어떻게 감히 나를 돕겠다고 합니까?"

엄군평의 말에 부자는 어이가 없었습니다.

"이보오, 말은 바로 해야지 왜 바꾸어 하시오? 난 나라country 안에서 손꼽히는 부자요. 평생 놀고먹어도 남을 재산이 있단 말이오. 그대는 하루를 벌어야 겨우 하루 끼니가 解決해결되는 가난뱅이가 아니오? 그대가 가난뱅이라는 것은 世上세상이 다 아는 일이거늘……."

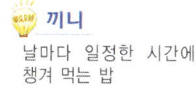
끼니
날마다 일정한 시간에 챙겨 먹는 밥

부자의 말에 엄군평이 빙그레 웃으며smile 말했습니다.

"천만의 말씀입니다. 잘못 알고 계시군요."

"뭐요? 내가 뭘 잘못 알고 있단 말이오?"

엄군평은 斷乎단호한 말투로 말했지요.

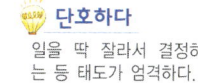
단호하다
일을 딱 잘라서 결정하는 등 태도가 엄격하다.

"그대는 부자가 아니고 나는 가난뱅이가 아니라는 겁니다."

"허, 내가 부자가 아니라고?"

"그렇습니다. 언젠가 그대를 만나러 간 적이 있는데, 한밤중인데도 일하고 있었습니다. 그대는 돈이 모자라 항상 밤낮없이 재물을 늘릴 생각에 골몰하지 않습니까? 반면에 나는 늘 하루해가 기울기 전에 일을 마치지만, 늘 돈이 남아돌지요. 그러니 나는 充分충분하고 그대는 모자란 게 아니겠습니까? 재물이 모자라는 사람이 충분한 사람더러 어찌 가난하다 합니까?"

밤낮없이
언제나

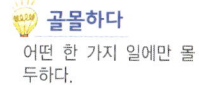
골몰하다
어떤 한 가지 일에만 몰두하다.

부자는 그제야 엄군평의 깊은 뜻을 깨달았습니다.

"아……!"

마지막으로 엄군평은 부자에게 한마디를 더 덧붙여 주었지요.

"지나치게 많은 재물은 精神정신을 흐리게 합니다. 나를 유명하게 하는 것은 내 몸을 죽이는kill 일이기 때문에 벼슬을 거절하는 것입니다."

알아두면 굿, 굿!

세상에는 다양한 사람들이 어우러져 살고 있습니다. 돈이 많은 돈 부자도 있고 시간이 많은 시간 부자도 있고 사랑이 많은 사랑 부자도 있습니다. 물질을 살 수 있는 돈 부자도 좋겠지만, 사람들을 행복하게 만들어 주는 사랑 부자가 많은 세상이라면 더 좋은 세상이겠지요.

마음을 바꾸면 세상이 행복해집니다. 자기에게 있는 것으로 행복을 찾을 수 있고, 자기가 가진 것으로 남과 나눌 수 있다면 얼마나 더 행복해질까요.

찾아보면 모든 사람은 다 한 가지 이상 다른 사람보다 더 많이 가진 부분이 있음을 알 수 있습니다. 지금까지는 찾아내지 못했더라도 한번 찾아보세요. 그리고 그것을 이웃과 더불어 나눌 수 있다면 얼마나 아름다운 세상이 될까요?

생각하게 만드는 사고력 훈련 동화

20. 고르디움의 매듭을 풀어라

명마
매우 훌륭한 말

맹수
주로 육식을 하는 사나운 짐승

　마케도니아의 알렉산더 대왕은 어렸을 때 매우 총명한 소년boy 이었습니다. 알렉산더가 소년이었을 때 名馬명마* 부케팔루스를 탄 일은 너무나도 유명하지요.

　부케팔루스는 뛰어난excellent 명마였지만 아무도 탈 수 없었습니다. 맹수*보다도 더 사납게wild 굴어서 그 누구도 탈 엄두를 내지 못했기 때문입니다.

　'부케팔루스가 사람들을 태우지 않는 理由이유가 뭘까?'

　알렉산더는 며칠 동안 부케팔루스에게서 눈을 떼지 않고 주의 깊게 지켜보았습니다.

　알렉산더는 마침내 부케팔루스가 햇볕이 쨍쨍 내리쬘 때 땅에 비치는 말의 그림자shadow에 놀라고 흥분한다는 것을 알아챘습니다. 바로 자신의 그림자에 놀라 그처럼 날뛰었던 것이지요.

'그렇다면 햇빛이 수그러든 후에 말horse을 타면 되겠다.'

이렇게 판단한 알렉산더는 사람들에게 말했습니다.

"오늘 午後오후에 부케팔루스를 타겠어요. 구경을 하러 와도 좋아요."

알렉산더의 말에 집안이 발칵 뒤집혔지요.

"절대로 안 됩니다. 이 말에서 온전하게 내린 사람은 단 한 명도 없습니다."

말을 다루는 종이 말리며 나섰습니다.

"부케팔루스를 몰라서 그러십니까? 危險위험합니다. 엄청난 힘으로 내동댕이치면 생명이 위험해질 수 있습니다."

"하하, 自信자신 있으니 걱정 말아라."

알렉산더가 부케팔루스를 타기로 한 시각이 되자 사람들이 모여들었습니다. 모두들 걱정스러운 表情표정이었어요.

"부케팔루스를 데려오세요."

알렉산더의 말에 馬夫마부가 부케팔루스를 데려왔어요. 아직은 부케팔루스가 얌전했습니다.

수그러들다
기세가 점점 줄어들다.

온전하다
조금도 축나거나 변하지 않고 원래의 모습 그대로이다.

내동댕이치다
되는대로 마구 힘껏 내던지다.

"그럼 제가 부케팔루스를 타겠어요."

알렉산더는 말을 마치더니 부케팔루스의 목덜미를 어루만졌어요stroke.

"자, 자, 부케팔루스, 이쪽으로……."

알렉산더는 부케팔루스가 자기의 말 그림자를 보지 못하도록

방향을 바꾸어 주었어요. 그리고 조심스럽게 말 등에 올라탔어요.

"부케팔루스, 가자!"

알렉산더가 말고삐를 죄자 부케팔루스는 쏜살같이 들판을 달려 나갔습니다.

"와! 이게 무슨 일이야?"

죄다
느슨한 것을 팽팽해지게 하다.

사람들은 너무나 놀라 할 말을 잃고 알렉산더와 부케팔루스만 바라보고 있었습니다.

"믿어지지 않아! 어른도 못 타던 부케팔루스를 어린 알렉산더가 타다니!"

"정말 대단해."

"소년에게 저런 놀라운 勇氣용기가 있다니!"

사람들은 벌써 까맣게 멀어져 간 알렉산더와 부케팔루스에게 힘껏 박수를 보내 주었습니다.

그런데 이렇게 총명한 알렉산더도 기원전 334년 겨울winter, 큰 고민에 빠졌습니다. 皇帝황제의 자리에 오르기 위한 마지막 문턱에 서 있었기 때문이지요.

'고르디움의 매듭을 푸는 자가 世界세계의 주인이 되리라.'

이 도시에 있는 신전에는 한 대의 수레가 밧줄로 기둥에 단단히 묶여 있었는데, 이 밧줄의 매듭knot을 풀어야만 세계를 지배할 수 있다는 신탁이 예부터 전해져 내려왔습니다.

많은 신하들과 백성들이 이 엄숙한 瞬間순간을 보기 위해 모여 있었습니다.

'흠… 이 複雜복잡한 것을 풀어내라고?'

성질 급한 알렉산더는 잠시 고민하는 듯 고르디움의 매듭을 뚫어지게 바라보았습니다.

그러나 다음 순간, 그는 조금도 머뭇거리지 않고 허리에 찬 긴 칼sword을 뽑아 단숨에 그 매듭을 내리쳐 잘라 버렸습니다.

매듭은 瞬息間순식간에 풀렸고, 드디어 알렉산더는 왕king이 될 수 있었습니다. 복잡한 매듭을 반드시 손으로 풀어야 한다는 固定觀念고정 관념을 알렉산더는 칼로 내리쳐 버린 것입니다.

> 고정 관념
> 잘 변하지 않는 확고한 관념

용기 있고 배짱 좋은 알렉산더처럼 우리도 때로는 고정 관념을 깨고 새로운 세계로 나아갈 수 있는 용기가 있어야 하겠지요?

> 알렉산더 대왕(기원전 356~323)
> 마케도니아의 왕. 그리스, 페르시아, 인도에 이르는 대제국을 건설하였으며, 그 과정에서 그리스 문화를 동방에 전파하여 헬레니즘 시대의 막을 열었다.

고르디움의 매듭을 풀어라

알아두면 굿, 굿!

어린 시절 친구 중에 어떤 숫자를 불러 줘도 척척 계산해 내는 암산왕이 있었어요. 똑같이 외우기 시작해도 어찌나 잘 외우는지 기가 죽을 수밖에 없었지요.

그러나 요즘은 어떤가요? 이제 외우는 것은 인간보다 계산 능력이 더 뛰어난 컴퓨터가 다 처리해 주는 세상입니다. 그러니 이젠 컴퓨터가 할 수 없는 인간만의 뛰어난 능력, 즉 상상력과 창의력이 필요한 시대이지요.

앞으로 우리가 살아갈 미래는 창의력과 상상력이 중요한 시대가 될 거예요. 기발한 물건 하나가 세상을 뒤바꾸고, 멋진 상상력으로 쓰여진 〈해리포터〉 같은 소설 한 편이 수천억 원을 벌고 있지요. 우리가 살아갈 미래에 대비하기 위해서는 무엇보다도 자유로운 생각의 날개를 활짝 펼쳐야 한답니다.

생각하게 만드는 사고력 훈련 동화

21. 사과 과수원에서 딴 이름

애플 컴퓨터 사의 代表대표인 스티브 잡스는 다른 기업가들과 생각을 다르게 하는 사람으로 유명합니다famous. 잡스는 '역발상의 귀재*'로 불리는 천재 기업가인데요, 한때 危機위기에 처했던 그는 固定觀念고정 관념을 떨쳐 버린 후에 더 큰 成功성공을 거두었지요.

> **귀재**
> 보기 드물게 뛰어난 재능을 가진 사람

스티브 잡스는 그의 오랜 친구friend인 스티브 워즈니악의 집 차고에서 겨우 1천 달러로 회사를 설립했어요.

"컴퓨터computer는 단순하고 쉬워야 합니다."

그래서 잡스는 자기의 비전*vision이 담긴 회사의 이름name도 '애플(Apple)'이라고 쉽게 지었습니다.

> **비전**
> 내다보이는 앞의 상황

'애플'이란 이름은 친구들끼리 '사과(애플) 과수원'이라고 불렀던 그들의 만남meeting의 장소에서 생겨났습니다.

스티브 워즈니악을 만나고 친구들과 함께 '사과 과수원'으로 돌아오던 高速道路고속 도로에서 잡스가 불쑥 회사 이름에 대해 의견을 내놓았다고 합니다.

의견
어떤 사물에 대하여 마음에 일어난 생각

"이봐, 친구들! 우리 회사의 이름을 '사과'로 하면 어때?"

"뭐야? 사과라니?"

"응, 그냥 사과……."

"에이, 그건……."

친구들은 世界的세계적인 회사로 키울 큰 꿈을 안고 있는데 거기에 비해서 너무나 단순한 이름에 썩 내키지 않았던 것이지요. 영어English로 '애플'은 조금 근사해 보이지만, 우리말로 하면 '사과'잖아요. 삼성이나 현대와 같은 대기업의 이름이 '사과'나 '포도grape'인 셈이지요.

"좀 더 첨단의 느낌이 나는 이름이 좋지 않을까……."

"그럼 그런 이름을 더 찾아보든지……."

친구들은 다른 이름을 찾기 위해 애썼지만 결국 '애플'보다 나은 이름을 찾지 못했습니다. 이렇게 '애플'이라는 이름은 그들의 모임 장소에서 따온 아주 소박하고도 단순한 이름입니다.

잡스의 흥미진진한 아이디어idea는 서예 공부, 인도의 수행자 마을 방문, 백화점 주방용품 판매 코너 등 그의 일과 상관없을 듯한 장소와 經驗경험에서 나왔습니다. 잡스는 끊임없이 다양한 경험을 하면서 그런 경험들을 통해서 자기만의 獨創的독창적인 아이디어를 만들어 냈습니다.

그는 전혀 관련이 없는 것처럼 보이는 각각 다른 분야의 문제나 아이디어들을 멋지게 엮어서 연결해 내는 탁월한 재능talent이 있었지요.

"創造性창조성이란 사물들을 연결하는 것이지요."

이 말은 스티브 잡스가 오래전에 기자들에게 했던 말입니다.

한때 애플 사는 20억 달러라는 어마어마한 赤字적자*에 허덕이며 파산* 위기에 처했던 때가 있었습니다.

"드디어 스티브 잡스도 끝나는군요."

"아마 다시 회사가 살아나지는 못할 겁니다."

모든 사람들이 애플 사를 絶望的절망적으로 생각하고 망한 회사로 여겼습니다. 사실 당시에 20억 달러의 빚debt이라는 것은 회복이 不可能불가능할 만큼 큰 액수였지요.

그러나 그는 기적miracle처럼 다시 살아났어요. 그를 살려 준 것은 창조적인 발상으로 만들어진 MP3 플레이어 '아이팟(iPod)' 이었어요.

이 아이팟 출시 후 애플 사의 賣出매출*은 두 배로 늘어났고, 이어서 주가와 브랜드 가치도 크게 올라갔습니다. 이어서 계속 창조적 모델model을 만들어 냈지요. 한 시대의 文化문화를 대변할 만한 디자인과 MP3 다운로드 소프트웨어software인 아이튠즈의 無料무료 배포 및 아이튠즈 뮤직 스토어에서의 음악music 파일 판매를 통해 자연스럽게 아이팟 구매로 연결시킨 스티브 잡스만의 마케팅marketing 전략은 그야말로 초일류 기업들의 부러움envy을 사고 있지요.

"아이팟의 성공 요인은 한마디로 '발상의 전환'이었지요."

그는 놀랍게도 겸손한 말을 했습니다. 사실 매킨토시(Macintosh) 시절만 해도 우월감에 사로잡혀 외부와의 기술 협력을 전혀 하지 않았습니다.

"잡스 씨, 우리 회사와 기술 제휴를 하면 어떻겠습니까? 경영에 큰 도움이 되지 않을까요?"

여러 회사에서 다양한 勸誘권유를 해 올 때마다 스티브 잡스는 진지하게 듣지 않았습니다. 그는 일에 있어서만큼은 최고의 자부심을 갖고 있었기 때문에 오만했던 經營者경영자였지요.

"감히 누가 나에게 도전한단challenge 말입니까? 누가 우리 애플 사와 겨룰 수 있단 말인가요? 우린 스스로도 최고가 아닙니까. 그러니 아쉬울 것 없습니다. 기술 제휴는 결코 할 必要필요가 없습니다."

▼아이팟

매킨토시
미국 애플 컴퓨터 사가 1984년에 발표한 16비트 및 32비트 개인용 컴퓨터의 상품명

제휴
행동을 함께 하기 위해 서로 붙들어 도와줌.

오만하다
태도가 건방지거나 거만하다.

이렇게 큰소리쳤던 스티브 잡스가 時代시대에 맞게 변화했던 것입니다.

　창조적 發想발상이 기업을 살립니다. 그리고 그 창조적 발상은 消費者소비자들의 생활 양식과 문화까지도 바꾸어 놓는 놀라운 결과result를 낳게 되지요.

▲아이폰(애플 사가 개발한 스마트폰)

스티브 잡스(1955~　　　)

애플 컴퓨터 사의 CEO이다. 1976년 스티브 워즈니악과 공동으로 애플 컴퓨터 사를 설립하였으며, 개인용 컴퓨터를 대중화하는 데 큰 역할을 하였다.

알아두면 굿, 굿!

역발상이란 남들과 같은 생각을 하지 않고 조금 특이하게 생각하는 것을 말합니다. 즉 '다르게 생각하는 힘'이지요. 그런데 역발상은 자기 주변의 사소한 것도 눈여겨보는 관찰력, 나아가 그것을 적용시키는 힘이 있어야 가능합니다. 또한 생각의 폭을 넓혀 나가면 할 수 있는 것이 역발상이기도 합니다.

의사로서 컴퓨터 바이러스 백신을 개발한 벤처 기업가 안철수 교수의 메모 습관은 널리 알려져 있습니다. 그는 어떤 환경에서도 아이디어가 떠오르면 즉시 메모지를 꺼내 메모한다고 합니다. 핵심 단어와 내용만을 적어 놓는 방식인데, 이렇게 모아 둔 메모장을 모으면 책을 한 권 펴내고도 남을 분량이 된다고 하네요. 순간적으로 떠오르는 소중한 생각들을 그냥 흘려보내지 않고 잘 활용할 수 있는 좋은 방법이 아닐까요?

생각하게 만드는 사고력 훈련 동화

23. 나머지 신발 한 짝이 없으면

플랫폼
역에서 기차를 타고 내리는 곳

인도India의 어느 작은 도시에서 기차train가 막 出發출발하려고 할 때였습니다. 갑자기 플랫폼platform 쪽에서 한 무리의 사람들이 기차를 향해 몰려왔어요.

"서둘러요hurry up! 기차 떠나겠어요!"

종종걸음
발을 자주 움직여 급히 걷는 걸음

사람들은 거의 뛰다시피 종종걸음을 쳤습니다.

"이 기차를 놓치면 안 됩니다! 다음 約束약속 시간에 맞출 수 없습니다."

기차는 서서히 움직일 準備준비를 시작했습니다.

"어, 출발하네요!"

"어서어서 기차에 오르세요!"

모두들 정신없이 기차에 뛰어올랐습니다. 그런데 너무 급한 나머지 그중 한 사람의 신발 한 짝이 문door에 끼어 기차 밖으로 떨어지고 말았습니다.

"허……!"

신발 한 짝을 잃어버린 사람은 인도의 민족 운동 指導者지도자*인 마하트마 간디였습니다.

"잠깐만요. 제가 얼른 내려가 가져오겠습니다."

수행원* 중 한 사람의 말이 끝나기도 전에 기차가 움직이기 시작했습니다.

"그만두시오stop."

간디가 막 기차에서 뛰어내리려는 수행원을 손짓으로 말리며 말했습니다. 아무리 날쌔게 訓練훈련된 수행원이라고 해도 벌써 저만큼 굴러가 버린 신발 한 짝을 집어들고 다시 기차에 올라타기는 無理무리였습니다.

'그러나 다른 사람도 아니고 선생님의 신발인데…….'

간디의 수행원들이 다시 다급하게 물었습니다ask

"선생님, 잠깐 기차를 세울까요? 세우라고 하겠습니다. 제가 뛰어가서 집어 오면 몇 분 안 걸릴 겁니다."

지도자
남을 가르쳐 이끌어 주는 사람

수행원
높은 지위의 사람을 따라다니며 그 사람의 신변을 보호하는 사람

간디의 신발을 위해서라면 기관사도 잠시 기차의 출발을 늦춰 줄 것이 분명했습니다. 그만큼 간디에 대한 존경심이 컸기 때문입니다. 그 일로 不平불평할 사람은 이 인도 내에서는 없었습니다.

"안 되오."

간디가 고개를 저으며 말했습니다.

"그럴 것 없소. 개인적인 일로 여러 사람에게 피해damage를 끼치면 되겠소? 그런 말도 안 되는 생각은 다시는 하지 마오. 어찌 개인의 일로 公共공공의 약속을 깰 수 있겠소?"

"죄송합니다sorry, 선생님. 제 생각이 짧았습니다."

이미 기차는 서서히 움직이기 시작하여 제 速度속도를 내기 시작하였습니다.

그때 간디가 窓門창문을 열더니 신고 있던 신발 한 짝을 뒤쪽으로 힘차게 던졌습니다. 그러자 신기하게도 그 신발 한 짝이 아까 기차 밖으로 떨어진 신발 한 짝과 상당히 가까운near 거리에 떨어졌습니다.

"아, 됐다!"

그 광경을 보고 간디가 입가에 보일 듯 말 듯한 미소smile를 지으며 중얼거렸습니다.

공공
국가나 사회 구성원에게 관계되는 것

수행원들이 이상하게 생각하고 그 理由이유를 물어보았습니다.
"선생님, 왜why 신발 한 짝을 기차 밖으로 던지셨습니까?"
간디는 당연한 일이라는 듯 웃으며 대답했습니다answer
"아, 내가 떨어뜨린 저 신발 한 짝이 온전하게 누군가의 신발이 되어 준다면 참 좋은 일 아니겠나? 가난한 사람이 신발을 줍는다면 한 짝보다는 完全완전한 한 켤레*를 가지는 게 훨씬 나을 테니까 말이오. 신발이 한 짝씩 있다면 아무에게도 쓸모가 없지만, 신발 한 켤레는 어느 한 사람에게는 쓸모가 있기 때문이오."
간디의 말에 수행원들은 고개를 끄덕였습니다. 그리고 인도가 낳은 세계적인 聖人성인* 간디를 수행한다는 自負心자부심*에 가슴이 뿌듯해졌어요.

켤레
신, 양말 등 짝이 되는 두 개를 한 벌로 세는 단위

성인
지혜나 덕이 매우 뛰어나 본받을 만한 사람

자부심
자기 자신 또는 자기와 관련되어 있는 것에 대하여 스스로 당당히 여기는 마음

간디(1869~1948)

인도의 정치가이자 민족 운동 지도자. 무저항·불복종·비폭력·비협력주의에 의한 독립 운동을 지도하였다. 대성(大聖)이란 뜻의 '마하트마'라고도 불린다.

알아두면 굿, 굿!

서두르지 않고 충분히 생각하면 대부분의 사람이 옳은 판단을 할 수 있습니다. 그러나 아주 짧은 시간 동안, 또는 위태로운 상황에서는 판단력이 흐려지지요. 이런 때 그 사람의 평소 됨됨이나 인격이 드러납니다.

간디는 기차 밖에 떨어진 신발 한 짝을 가장 값지게 사용할 수 있는 방법을 순간적으로 생각해 냈습니다. 간디의 행동이 더욱 훌륭해 보이는 것은, 다른 사람을 배려하는 행동은 갑자기 생겨나는 것이 아니기 때문입니다.

사람은 모든 것을 내 중심으로 생각하는 버릇이 있습니다. 상대방을 중심으로 생각을 넓혀 보면 어떨까요? 세상은 더욱더 커지고 넓어질 것입니다. 내겐 쓸모없는 작아진 옷도 누군가에겐 꼭 필요한 옷이 될 수 있지요.

이렇게 생각을 넓혀 보면 나밖에 보이지 않던 세계 속에 더 많은 사람들이 주인공으로 들어오는 것을 느낄 수 있을 거예요. 나와 또 그 밖의 사람들이 어울려 아름다운 세상이 만들어진답니다.

생각하게 만드는 사고력 훈련 동화

24. 마음에서 나오지요

브랜드
사업자가 자기 상품에 대하여 다른 업체의 것과 구별하기 위해 사용하는 표지. 상표

신화
고대인의 신성한 이야기. 획기적인 업적을 비유적으로 이름.

애착
매우 사랑하여 떨어지지 아니함.

　　우리나라 사람들도 즐겨 찾는 커피coffee 전문점 '스타벅스(Starbucks)'는 전 세계의 커피 문화를 주도하고 있는 기업입니다. 최고 경영자인 하워드 슐츠 회장은 스타벅스를 세계 최고의 커피 브랜드로 성장시키며, '커피를 갈아 金금으로 만드는 기업', '천년의 커피 歷史역사를 뒤집는 성공 신화' 등의 찬사를 이끌어 낸 기업가이지요.

　　하워드 슐츠 회장은 진실한 마음으로 사람을 섬기는 人間인간 중심 경영으로 유명합니다famous. 특히, 그는 회사의 직원들에 대한 애착이 남다릅니다. 직원을 자기의 家族가족처럼 아끼고 배려해 주기 때문에 회사는 늘 화목한 분위기이지요.

"물론 회사가 成長성장하는 것도 중요합니다. 그러나 제게 있어 가장 소중한 사람은 바로 직원들입니다. 그다음이 고객입니다. 고객에 대한 더 좋은 서비스service도 결국 직원들의 마음에서 나오기 때문입니다. 직원이 행복해야 훌륭한 서비스를 할 수 있으니까요."

그런 마음이기 때문에 그는 종업원을 직원이 아닌 파트너라고 부릅니다.

파트너
상거래, 놀이 등에서 둘이 짝이 될 때의 상대편. 동료

1990년 중반, 賣出매출이 높았던 텍사스의 한 매장에서 끔찍한 사고accident가 터졌습니다. 그날은 회사의 중대한 일을 결정하기 위한 회의가 잡힌 날이었어요.

"회장님, 사고가 났습니다. 텍사스 매장에서 금방 連絡연락이 왔는데, 매장 관리자가 강도robber에게 살해당했다고 합니다."

"뭐, 뭐라고?"

하워드 슐츠의 얼굴이 놀라서 하얘졌습니다. 믿을 수 없다는 듯 그는 다시 한 번 물었지요.

"그게 무슨 말인가? 다시 한 번 말해 보게."

"기막힌 일이지만 정말 목숨life을 잃었답니다."

기막히다
어떤 일이 너무 놀랍거나 언짢아서 어이없다.

"아, 어쩌다가······!"

하워드 슐츠는 손으로 이마의 땀sweat을 훔치며 말했습니다.

"머뭇거릴 시간이 없네. 당장 텍사스로 출발하세."

"오늘의 日程일정은 어떡하시고요? 회장님, 진정하십시오. 오늘 밤에 중요한 회의가 있습니다. 텍사스 매장 일은 제가 알아서 잘 처리하겠습니다. 그러니 회장님은 여기 계십시오."

그 말에 하워드 슐츠는 화를 벌컥 내며 자리에서 일어섰지요.

"아니, 무슨 그런 말이 있나? 지금 그 일보다 더 중요한 게 뭐가 있나. 어서 가세."

하워드 슐츠는 모든 일정을 取消취소하고 전세 비행기로 텍사스로 날아갔습니다.

'아, 이렇게 가슴 아픈 일이···. 遺家族유가족을 어떡하나···.'

그는 유가족들을 위해 자신이 무엇을 할 수 있을지 고민을 했지요. 그리고 중대한 決定결정을 내렸습니다.

'텍사스 매장을 폐쇄해야겠다. 매장을 판 돈money 전부를 유가족의 生活費생활비와 자녀 교육비로 내놓아야겠어.'

그는 진심 어린 마음으로 유가족을 위로하며 말했습니다.

"그 무엇으로도 이 깊은deep 상처를 아물게 할 순 없을 겁니다.

전세
일정 기간 동안 그 사람에게만 빌려 주어 다른 사람의 사용을 금지함.

유가족
죽은 사람의 남은 가족

폐쇄하다
문을 닫다. 기능을 정지하다.

하지만 이것은 제 마음이고 위로이며 사랑love입니다. 제발 받아 주십시오."

유가족도 진심 어린 회장의 배려에 놀라지 않을 수 없었습니다.

"회장님, 이렇게 신경을 써 주셔서 감사합니다."

직원을 한낱 고용인이라고 생각했다면 매장 하나를 팔아서 다 줄 수 없었을 것입니다. 소중한 가족family이라고 생각했기 때문에 그런 결정을 내릴 수 있었겠지요.

그 이후 스타벅스의 직원들은 회사에 대한 믿음trust과 자부심이 더 커졌습니다. 돈보다 사람person을 더 아끼고 생각하는 회사, 직원을 첫 번째로 배려해 주는 회사에서 일한다는 것이 마음을 기쁘게 해 주었기 때문이지요.

"우리 직원들은 만날 때마다 제게 感謝감사의 말을 하지요. 저 때문에 富者부자가 되었다고요. 그러나 그건 틀린 말입니다. 오히려 제가 그들 때문에 부자가 되었으니까요."

하워드 슐츠는 뉴욕New York 브루클린의 빈민가에서 태어났기 때문에 어려움을 당하는 사람의 입장을 잘 이해할 수 있었는지도 모릅니다.

배려
도와주려고 마음을 씀.

고용인
삯을 받고 남의 일을 해 주는 사람

빈민가
가난한 사람들이 모여 사는 거리

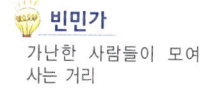

하워드 슐츠는 社會사회에서 이런저런 일을 하다가 우연한 기회에 시애틀의 스타벅스를 만나게 되었는데, 단숨에 커피에 매료되어 스타벅스를 인수하였지요.

회장이 된 하워드 슐츠는 사람을 소중하게 생각하는 經營경영으로 모든 경쟁competition을 이기고 오늘날 스타벅스를 세계 여러 나라에서 1만 개에 가까운 매장을 운영하는 세계 최고의 커피 브랜드로 성장시켰답니다.

> **인수하다**
> 물건 혹은 권리를 건네받다.

하워드 슐츠(1953~)

스타벅스 회장. 1987년에 스타벅스를 인수하여 전 세계적인 커피 전문점으로 성장시켰다. 빈민가 출신의 자수성가형 기업가로 많은 존경을 받고 있다.

알아두면 굿, 굿!

진심 어린 마음은 생활 속에서 만나는 모든 사람들을 연결시켜 주는 고리와도 같습니다. 진심이 담기지 않은 관계는 아무리 친한 척해도 오래가지 못하며 결국 멀어지게 됩니다.

사람을 진심으로 대한다는 것은 그렇게 어려운 일이 아닙니다. 스스로 먼저 마음을 열고 다가가면 되니까요. 상대방이 이야기를 할 때 마음을 모아 잘 듣고, 마음으로 같은 편이 되어 주는 것이야말로 존중과 배려의 마음입니다.

생각하게 만드는 사고력 훈련 동화

25. 향기가 떠다니네요

샘플
어떤 물건의 품질을 알수 있도록 그 일부를 미리 선보이는 물건

번화가
한창 성하게 일어나 화려한 거리

쇼핑센터
한군데에서 여러 가지 물건을 살 수 있도록 상점들이 모여 있는 곳

"자, 어서어서 오세요! 신제품 샘플*sample을 드려요!"

도심의 번화가를 지나다 보면 눈에 띄는 익숙한 광경이지요.

새로 개발된 化粧品화장품이나 향수의 작은 샘플을 나눠 주는 일은 백화점에서나 쇼핑센터에서, 거리*street에서 곧잘 만날 수 있답니다.

"와, 오늘은 샘플을 여러 개 받아서 氣分기분이 좋은걸."

"맞아. 샘플은 量양은 적지만 質질이 좋으니까 말이야."

"그럼, 샘플 질이 나쁘면 누가 사겠어?"

물건의 品質품질에 자신이 있기 때문에 써 보고 사라고 샘플을 주는 것이지요.

이 샘플을 처음 나눠 주기 시작한 사람은 에스티 로더라는 평범한 女性여성이었어요.

'좋은 재료로 여성들의 피부를 보호할 크림cream을 직접 만들어 봐야지.'

로더는 자신의 아이디어idea에 전문가들의 도움을 받아서 피부를 해치지damage 않는 품질 좋은 크림을 만들어 낼 수 있었습니다. 그런데 좋은 크림을 만들기는 했지만 가게shop가 없는 로더로서는 어디서 팔아야 할지 알 수가 없었어요.

'이런 크림도 있다는 것을 알려야 할 텐데……. 여자들이 많이 모이는 場所장소가 어딜까? 아, 그래. 美容室미용실부터 돌아다녀야겠다. 미용실에는 언제나 여자들이 많이 있으니까 화장품을 한번 써 보고 좋으면 입소문을 내 줄 거야.'

로더는 우선 가까운 곳의 미용실부터 찾아다니기 시작했어요.

"여성분들의 피부를 보호할 수 있는 좋은 크림이에요."

좋은 크림이라는 말에 미용실 안의 손님들이 로더의 周圍주위로 몰려들었어요. 크림 뚜껑cover을 열어 냄새를 맡아 보고 몇몇 사람이 사겠다고 했어요. 로더는 크림을 사지 않은 사람들에게도 팔다 남은 製品제품을 조금씩 덜어 공짜free로 나누어 주었어요.

입소문
입에서 입으로 전하는 소문

향기가 떠다니네요 157

"이걸 써 보시고 좋으면 나중에 사세요."

"아, 고마워요thanks. 그럴게요."

사람들은 작은 병bottle에 조금씩 나눠 준 크림을 받고 기분 좋은 얼굴로 돌아갔어요.

"우아, 이 크림 참 좋은걸! 다음에는 꼭 사야겠어."

이렇게 서비스로 조금 나눠 준 한두 스푼spoon의 크림을 써 본 사람들이 너도나도* 로더의 화장품을 사 가게 되었지요. 오늘날 화장품 會社회사들의 샘플은 이렇게 시작되었습니다.

너도나도
서로 뒤지지 않으려고 모두

홍보
널리 알림.

로더는 새로운 제품을 만들 때마다 독특한 홍보* 方法방법도 함께 생각해 냈습니다.

여름summer 휴가 때면 로더가 호텔 수영장pool에서 여성들에게 화장을 해 주었는데 그 모습은 호텔 손님들에게 신기한 구경거리였지요.

'여름에는 사람들이 밖에 많이 나오니까 제품을 팔기 쉬운데 겨울winter에는 집 안에서만 活動활동하려고 하니, 판매량이 줄어드는구나.'

확실히 여름과 겨울의 판매량은 크게 차이가 났지요. 겨울에는 여름의 半반 정도밖에 팔리지 않았거든요.

'겨울에는 사람들이 外出외출하기를 싫어해. 겨울에도 여름처럼 많이 팔 수 있는 방법이 없을까? 아, 그동안 홍보하며 사귀어 둔 분들의 댁으로 직접 방문을 해서 신제품을 알리고 소개하면 어떨까?'

로더는 수영장에서 사귄 부인들을 직접 찾아다니며 화장품을 판매하였습니다. 이것이 방문 판매의 始初시초라고 할 수 있지요.

"심심하시면 저랑 카드 게임game을 하시겠어요?"

로더는 아이들을 學校학교에 보내고 집에 있는 주부들을 찾아가서 친구friend가 되어 주었어요. 그리고 유익한 정보를 나누어 주면서 무슨 일이든 도움을 주려고 했지요.

"화장은 장소에 따라 다르게 해야 한답니다. 파티party나 친구들의 모임meeting에는 아주 화사하게 해도 좋지만, 아이들의 학교에 가실 때는 짙은 화장은 피하시고 연하게 하세요. 그래야 敎養교양이 있어 보인답니다. 화장하는 것만 보아도 그 사람의 교양을 알 수 있다고 하잖아요."

"아, 그렇겠네요."

로더는 주부들에게 화장을 잘하는 방법 등을 가르쳐 주며 크림을 팔았습니다.

방문 판매
판매원이 가정, 직장 등을 돌아다니며 물건을 파는 일

시초
맨 처음

교양
학문, 지식 등을 바탕으로 이루어지는 품위

향기가 떠다니네요

그녀가 향수perfume를 개발했을 때에는 프랑스 百貨店백화점을 찾아갔습니다.

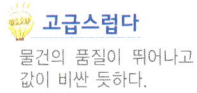
고급스럽다
물건의 품질이 뛰어나고 값이 비싼 듯하다.

'향수는 이미지image가 고급스러워야 해. 백화점에서 우리 향수를 팔 수 있으면 참 좋겠는데…….'

그런데 백화점의 담당자는 로더의 향수에 전혀 關心관심을 보이지 않았어요.

'흥, 어디서 이름name도 없는 향수를 가지고 와서 백화점에서 팔고 싶다고 하지? 어림도 없는 소리!'

담당자의 態度태도에서 로더는 이런 마음을 읽을 수 있었습니다. 그래도 모른 척 로더는 담당자에게 다시 한 번 부탁했어요.

"손님들이 저희 物件물건을 좋아할 겁니다. 며칠만이라도 팔아 보게 해 주세요."

담당자는 짜증을 내며 말했습니다.

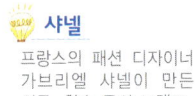
샤넬
프랑스의 패션 디자이너 가브리엘 샤넬이 만든 의류, 향수 등의 브랜드

"어허! 지금 무슨 말씀을 하십니까? 여기 샤넬(Chanel)이 있는 게 안 보이십니까? 우리 백화점은 샤넬만으로도 充分충분합니다. 어서 돌아가 주세요."

"아, 알겠습니다."

그 순간, 로더는 매장 바닥에 실수mistake인 양 자신의 향수를

쏟았습니다. 은은한 香氣향기가 온 백화점 안을 떠다니자 놀라운 일이 일어났지요.

"와, 어디에서 이렇게 멋진 향기가 나지?"

"음, 새로운 향수 같은데?"

"사고 싶다. 당장 사야지."

백화점의 손님들이 향기를 찾아서 로더가 있는 향수 매장까지 우르르 찾아왔습니다. 그러자 담당자의 입mouth이 좋아서 크게 벌어졌습니다.

"허, 이럴 수가! 당장 매장을 만들어 드리겠습니다. 얼른 물건을 가져오시지요."

"네, 고맙습니다."

이렇게 하여 로더의 향수는 백화점에서 판매를 始作시작하게 되었고, 얼마 지나지 않아 전 세계적으로 높은 人氣인기를 얻게 되었지요.

時間시간이 흐르자 로더의 화장품 사업business도 자리가 잡혀서 사무실office을 내게 되었어요. 그녀는 제품을 사러 온 상인들과 장사에 대한 이야기를 할 때도 여성 固有고유의 부드러움을 장점으로 살렸습니다. 사무실에 딸린 작은 테라스terrace에 음식을 차려 놓고 상인들과 식사를 하면서 자연스럽게 對話대화를 이어 갔지요.

"오시느라고 수고하셨네요. 요즘 健康건강은 좀 어떠세요? 아드님son이 이번에 의과 대학에 들어갔다면서요? 공부study를 정말 잘했나 봅니다."

> **고유**
> 원래부터 갖추고 있는 특별한 것
>
> **테라스**
> 안에서 직접 밖으로 나갈 수 있도록 방의 앞면으로 뻗쳐 나온 곳

로더는 食事식사를 하는 동안에는 사업 얘기는 한 마디도 꺼내지 않았어요. 식사를 하는 모든 사람이 관심을 가질 만한 이야기를 즐겁게 나누고, 식사가 다 끝난finish 후에 장사에 대한 이야기를 시작했지요.

오늘날 딱딱하게 사무실에 앉아 계약서contract에 사인하는 것보다 더 選好선호하는 것이 거래처 사람과 함께together 식사하며 사업 이야기를 하는 것인데, 이 방법을 처음 쓴 사람이 바로 에스티 로더입니다.

샘플 홍보, 방문 판매…… 그녀만의 아이디어로 誕生탄생한 새롭고 독특한 경영 방식은 '에스티 로더(Estee Lauder)'를 세계적인 화장품 브랜드로 만든 제일의 原動力원동력이 되었답니다.

선호하다
여럿 가운데 하나를 특별히 좋아하다.

거래처
돈, 물건 등을 계속 거래하는 곳

원동력
어떤 움직임의 근본이 되는 힘

에스티 로더(1908~2004)

미국의 세계적인 화장품 기업 에스티 로더 사의 창업주. 업계 최초로 무료 샘플을 제공하여 많은 고객을 확보하였다. '세계 화장품 업계의 거장', '판매의 귀재'로 불린다.

알아두면 굿, 굿!

에스티 로더는 스스로의 힘으로 부자가 된 억만장자입니다. 〈타임〉지가 선정한 20세기 경영 천재 20명 가운데 한 사람으로 꼽히지요. 로더는 경영의 천재답게 새롭고도 독특한 판매 방법을 많이 개발해 냈답니다.

에스티 로더는 2004년 세상을 떠났지만 상황에 따라 재치 있고 기발한 아이디어를 쏟아 낸 그녀의 도전 정신은 아직도 우리 곁에 살아 숨쉬고 있답니다.

생각하게 만드는 사고력 훈련 동화

26. 쓰레기를 예술로

에스파냐의 화가 피카소는 어릴 때부터 그림picture 그리기를 좋아했어요.

"넌 왜 밖에 나가서 친구들과 뛰어놀지 않니? 아이child가 친구들과 어울려 놀 줄을 알아야지."

"난 집house에서 노는 게 더 좋아요, 아빠."

"그래도 너무 집 안에서만 지내면 좋지 않아. 사람은 또래끼리 어울려 사는 게 重要중요하단다."

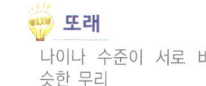
또래
나이나 수준이 서로 비슷한 무리

"저도 친구들이 좋아요. 그런데 그보다도 그림 그리는 것이 좋은 걸 어떡해요?"

"허허, 참! 누가 내 아들son 아니랄까 봐……."

> **재능**
> 재주와 능력

> **흐뭇하다**
> 마음에 흡족하고 만족스럽다.

> **대-**
> '큰, 위대한' 등의 뜻을 더하는 접두사

> **고전주의**
> 17~18세기 유럽에서 단정한 형식미를 추구한 창작 태도. 미술에서는 다비드, 앵그르 등이 대표적이다.

시골 학교 美術미술 선생님이었던 아버지father는 아들이 집 안에서 노는 것이 마음에 들지 않았습니다. 그러나 자신의 피를 이어받은 아들이 미술에 才能재능이 있는 것이 흐뭇하긴 했지요.

'난 도화지와 연필pencil만 있으면 무엇이든지 다 그릴 수 있어. 내 마음도 도화지에 다 나타낼 수 있어. 그림을 그릴 때는 언제나 마음이 두근두근하고 설레는걸. 너무 좋아서……'

피카소는 어린 눈으로 바라본 세상의 風景풍경을 도화지에다 옮기는 일이 너무 행복했어요. 시간만 나면 여기저기에 그림을 그리는 아들을 보면서 아버지는 꿈dream을 꾸었지요.

'이 녀석은 아마 내가 이루지 못한 대화가의 꿈을 이룰 수 있을 것 같아. 어린데도 이렇게 잘 그리니 말이야.'

어린 피카소의 뛰어난 재능을 發見발견할 때마다 아버지는 뿌듯했습니다. 아버지의 생각에 위대한 화가는 풍경이나 사람을 있는 그대로 닮게 그려 내는 古典主義고전주의 화가가 최고인 것 같았어요. 그래서 아들에게 자꾸 그 이야기를 해 주었지요.

"섬세하게 그리는 법을 더 익히도록 해야 해. 그래야 똑같이 잘 그릴 수 있지."

하지만 어린 피카소의 생각은 달랐어요.

'왜 똑같이 그려야 해? 난 그렇게 그리기 싫은걸. 난 나만이 느끼는 걸 표현할 거야. 그래야 그것이 피카소의 그림이지.'

피카소는 자라서 권위 있는 미술 학교에 入學입학하였습니다. 그러나 학교school 공부는 너무나 지루하고 따분하기만 했어요. 이론적인 미술 教育교육에는 도무지 흥미를 느끼지 못했기 때문이지요.

'있는 그대로의 모습을 판박이처럼 그리라고? 난 절대로 싫어. 모든 사물에서 느껴지는 다양한 모습, 固有고유한 개성, 그 아름다움beauty을 표현하고 싶어. 왜 똑같이 생각하고 똑같이 그리라고 하는 거지?'

피카소의 이러한 생각은 그림뿐만 아니라 조각에서도 마찬가지였습니다. 그래서 피카소의 학교 生活생활은 즐겁지 않았어요.

어느 날 피카소가 파리의 낡은 아파트apartment 골목을 터벅터벅 걷고 있었습니다. 프랑스의 首都수도인 파리는 센 강이 흐르는 아름다운 도시city였지만, 그 뒷골목은 아주 엉망이었어요. 사람들이 무심코 버린 온갖 생활 쓰레기waste들로 가득 차 있었던 거예요. 그런데 피카소는 사람들이 돌보지 않는 이곳에서 많은 영감을 얻었습니다.

판박이
판에 박은 듯이 아주 똑같은 것

개성
다른 것과 구별되는 고유의 특성

센 강
프랑스 북부를 흐르는 강. 샹파뉴에서 시작하여 파리 분지를 거쳐 영국 해협으로 흘러 들어간다.

영감
창조적인 일의 계기가 되는 특별한 자극

해 질 무렵의 파리

하루는 골목 끝에서 누군가가 버린 자전거bicycle 한 대가 눈에 들어왔습니다. 너무 낡아서old 쓸모없게 된 자전거였지요. 밝은 햇살이 建物건물 틈을 비집고 들어와 버림받은 자전거를 비추고 있었어요.

"아…! 저거야!"

그 자전거를 유심히 들여다보던 피카소는 낡은 자전거에서 강인한 힘과 力動性역동성을 발견하였지요.

역동성
힘차고 활발하게 움직이는 성질

'집으로 가져가야겠다.'

그는 자전거를 집으로 가져와 안장과 운전대를 뜯어냈어요. 그리고 안장과 운전대를 용접하여 우직한 황소bull를 만들었지요. 그 작품이 바로 오늘날 값을 매기기 어려운 傑作걸작인 〈황소 머리〉라는 작품입니다.

그 후 한 인터뷰interview에서 피카소는 이렇게 말했어요.

"사람들에게 버려졌다고 해서 그 물건이 죽은die 것은 아니에요. 生命생명은 그것을 부여하는 자의 몫이니까요. 그런 의미에서 제게 쓰레기는 훌륭한 可能性가능성을 지닌 예술art 재료라고 할 수 있지요."

사물의 다양한 모습을 발견할 수 있는 눈을 가진 사람에게는 普通보통 사람에게는 죽은 것이나 마찬가지인 수많은 가능성이 살아 움직인답니다.

용접하다
두 개의 금속, 유리 등을 녹이거나 반쯤 녹여 서로 이어 붙이다.

걸작
매우 훌륭한 작품

피카소(1881~1973)

에스파냐의 화가. 브라크와 함께 입체주의 미술 양식을 창시하였다. 작품에 〈아비뇽의 아이들〉 〈전쟁과 평화〉, 대벽화 〈게르니카〉 등이 있다.

알아두면 굿, 굿!

우리는 사물을 보는 눈을 키워야 합니다.

다이아몬드 원석을 돌멩이로 여겨 가지고 놀았던 아프리카 어린이들을 생각해 보세요. 그 어린이들이 다이아몬드의 가치를 알았다면 어땠을까요? 쉽게 가난에서 벗어날 수 있었겠지요? 그래서 사물을 알아보는 눈은 매우 중요합니다.

요즘은 너무나 많은 것들이 쓰레기로 버려지고 있어요. 이렇게 많이 버리다가는 우리가 사는 지구가 쓰레기 동산이 될지도 모르지요. 쓰레기를 버리기 전에 다시 한 번 주의 깊게 살펴보세요. 하찮은 쇳조각이나 플라스틱도 재주 많은 예술가의 손이 닿으면 멋진 작품으로 태어나게 되니까요.

'내게는 필요 없지만 혹시 내 이웃에게 필요한 물건은 아닐까?'

이렇게 넓게 생각하는 여러분이 되었으면 좋겠습니다.

생각하게 만드는 사고력 훈련 동화

27. 산들바람에도 휘어지는 풀잎

지금으로부터 약 2천 년 전, 그러니까 아주 오래전에 技術기술이 매우 뛰어난 노반이라는 목수가 있었습니다.

그는 집을 잘 지을 뿐만 아니라 다리bridge도 잘 놓았어요. 나무를 가지고 여러 가지 모양의 짐승을 거의 똑같이 조각할 줄도 알았지요.

"세상에! 나무를 깎아 만들었을 뿐인데, 이 새bird는 마치 하늘을 날고 있는 것 같구먼."

"도대체 노반이 못하는 일이 뭐요?"

마을 사람들은 이렇게 재주skill가 뛰어난 노반과 한마을에 사는 것을 아주 자랑스러워했습니다.

목수
나무를 다루어 집을 짓거나 가구 등을 만드는 사람

한마을
같은 마을

한번은 노반의 뛰어난 솜씨를 알고 있는 왕king이 그를 불렀습니다.

"노반, 그대의 훌륭한 솜씨는 이미already 나도 잘 알고 있다. 그러니 이번 기회에 궁전palace을 지어 보도록 하라."

"네? 궁전을요?"

궁전과 같은 큰 建物건물을 지어 본 적은 없었지만 노반은 그저 영광스럽고 기쁘다는 생각만 들었어요. 목수라면 누구나 다 한번쯤 궁전을 짓는 꿈을 꾸기 때문이지요. 나라country 안에서 가장 크고 화려한 건물을 왜 지어 보고 싶지 않겠어요.

그런데 왕의 말은 거기서 끝난 것이 아니었습니다.

조건
어떤 일을 결정하기에 앞서 내놓는 요구

"단, 條件조건이 있다. 궁전을 짓는 데 날짜를 정해 주겠다. 그때까지 완성하지complete 못하면 큰 벌을 내릴 것이다."

"네?"

날벼락
느닷없이 치는 벼락. 뜻밖에 당하는 불행 등을 비유적으로 이름.

노반의 눈이 놀라서 크게 떠졌어요. 아니, 이게 웬 날벼락인가요. 날짜를 지키지 않으면 큰 벌을 준다니요! 노반의 얼굴face이 하얗게 질리는 것을 보고 왕이 다시 말했어요.

"그 대신 約束약속을 지키면 엄청난 상prize이 그대를 기다리고 있다. 그러니 最善최선을 다해야 한다."

"네, 폐하."

百姓백성인 노반은 왕의 말에 따를 수밖에 없었지요.

노반은 먼저 나무부터 사들이기 시작했습니다start. 한 채의 궁전을 짓는 데 들어가는 나무는 엄청나거든요.

'직접 山산으로 가서 쓸 만한 좋은 나무를 골라야겠다.'

노반은 弟子제자들을 데리고 산mountain으로 올라갔어요. 좋은 통나무를 고른 뒤에 도끼ax로 퍽퍽 찍어 넘겼지요. 하루 종일 통나무를 찍는 도끼 소리가 온 산을 쩡쩡 울렸습니다. 급한 마음에 한시도 쉬지 않고 일을 하다 보니 어느새 밤night이 되었어요. 노반과 제자들은 기운이 다 빠져 버렸지요.

며칠을 그렇게 열심히 일했지만 도끼로 찍어 넘어뜨린 나무는 얼마 되지 않았습니다.

'큰일 났다. 이 정도로 進行진행된다면 약속한promise 날짜를 맞출 수가 없는데……. 어떡하나?'

노반의 마음이 급해지기 始作시작했어요.

'짧은 시일 내에 나무를 베어 내는 일이 가장 급하다. 무슨 좋은 方法방법이 없을까? 날짜를 지키지 못하면 나는 물론 아무 죄도 없는 내 제자들까지 벌punishment을 받게 되는데…….'

산들바람에도 휘어지는 풀잎 173

궁리
이리저리 따져 깊이 생각함.

노반은 머리를 싸매고 窮理궁리를 거듭했어요.

'좋은 방법이 없을까? 나무를 베는 속도speed를 좀 더 빠르게 할 수 있는 방법이 없을까?'

아무리 생각해도 뾰족한 방법이 떠오르지 않았습니다.

어느 날 아침morning, 노반은 무거운 마음으로 산을 올랐어요.

무성하다
풀, 나무 등이 자라서 우거져 있다.

산을 오르는 오솔길은 몹시 가팔랐고 나무와 풀grass이 무성하게 자라나 있었습니다. 그는 나뭇가지와 잡초를 헤치며 비탈길을 올랐어요. 그러다가 발을 헛디디고 말았습니다.

하마터면 넘어질 뻔한 노반은 급한 김에 옆에 있는 풀을 잡았습니다. 그런데 그 짧은 瞬間순간에 풀에 손을 베어 빨간 피blood가 배어 나오고 있었어요.

'어? 피가 나네.'

노반은 이상한 생각이 들었습니다.

산들바람
가볍고 시원하게 부는 바람

"작은 산들바람breeze에도 이리저리 휘어지는 힘없고 부드러운 풀이 내 손을 베다니!"

믿어지지 않아서 노반은 다시 試驗시험해 보기로 했어요. 이번에는 다친 손이 아닌 왼손left hand으로 풀을 잡고 힘껏 당겨 보았습니다.

　이번에도 어김없이 손바닥에서 빨간red 피가 배어 나오기 시작했지요.

　'이게 뭐지? 왜 그러지?'

　노반은 손바닥의 아픔pain을 느낄 겨를도 없이 풀을 뽑아 들고 이리저리 돌려 보면서 곰곰 생각했습니다.

그리고 마침내 노반은 그 理由이유를 알아냈습니다. 그 풀의 잎사귀leaf에는 수많은 가시 같은 날이 돋아나 있었던 거예요. 바로 이 가시 같은 날이 노반의 손을 베었던 것이고요.

순간 노반은 자신도 모르게 무릎knee을 딱 쳤습니다. 번쩍 머릿속에 아이디어idea가 솟구쳤던 것이지요.

유연하다
부드럽고 연하다.

"그래! 한 줄기 유연한 풀이 손을 이렇게 벨 수 있다면, 철판으로 이 가시 같은 날을 만들어 세운다면? 맞아! 통나무쯤이야 가볍게 벨 수 있지 않겠어?"

노반은 그 길로 한걸음에 내달려 대장간을 찾아갔어요. 너무나 기뻐서 발이 땅ground에 닿지도 않는 듯했지요.

"양쪽에 가시 같은 날이 달린 철판을 만들어 주세요. 빨리 서둘러 주세요hurry up!"

"아, 알겠소. 잠시만 기다려 보오."

독촉
빨리 하라고 재촉함.

대장장이는 노반이 하도 독촉을 하자, 다른 일감을 뒤로 밀어 놓고 노반이 부탁한 것부터 만들어 주었어요.

"야, 됐다!"

노반은 그 연장을 메고 다시again 산으로 올라갔습니다. 그리고 제자들을 불러 모으고 새로운 연장을 시험해test 보았어요.

"쓱싹쓱싹 쓱쓱……."

이 신기한 철판으로 나무를 베어 보니 정말 놀랍게도 빠르게 나무가 쓰러졌습니다. 나무나 쇠붙이를 자르거나 켜는 데 요긴하게 쓰이는 톱이 誕生탄생한 것이지요.

풀에 손을 베는 일은 농사일farmwork을 하거나 시골에 살면 누구나 겪게 되는 사소한 일입니다. 그러나 노반은 손을 벤 일을 예사롭게 보지 않고 톱이라는 便利편리한 연장을 만들어 냈지요. 그리고 톱은 지금은 전 世界세계에 널리 퍼져 모두가 사용하는 생활 속의 연장이 되었답니다.

풀에 손을 벤 경험을 살려 톱을 발명했답니다.

산들바람에도 휘어지는 풀잎

알아두면 굿, 굿!

좋은 아이디어는 대부분 관심에서 생겨납니다.
'어? 다쳤어? 덧나면 안 되니까 얼른 약 발라야지.'
이렇게 생각하고 끝나 버리면 다른 사람들과 함께 나눌 수 있는 유익한 아이디어는 탄생하기 어렵습니다.
'어? 다쳤어? 왜 다쳤지? 다른 사람들도 다칠 텐데, 다치지 않게 하는 방법이 없을까?' 하고 생각하다가 그 주변에 작은 나무 팻말을 세웁니다.
'이 풀은 잎이 톱니처럼 날카로우니 손을 베지 않게 조심하세요!'
이렇게 되면 나의 작은 정보가 다른 사람에게 도움을 주는 생명력을 갖게 됩니다. 나만이 아니라 우리 모두에게 도움을 주어야 한다는 생각이 마음 바탕에 자리 잡게 되면 저절로 세상은 더 좋아지게 된답니다.

생각하게 만드는 사고력 훈련 동화

28. 직원이 화나면 고객을 감동시킬 수 없지요

일본Japan의 전기 부품 제조 회사인 미라이 공업은 일본 사람이라면 누구나 들어가고 싶어 하는 꿈dream의 직장입니다.

人口인구 15만 명의 작은 도시 오가키에 위치한 미라이 공업의 창업자인 야마다 아키오는 무엇보다도 800명의 회사 직원을 먼저 생각하는 社長사장으로 유명합니다.

창업자
회사를 처음으로 세운 사람

"무엇보다 중요한 것이 고객 感動감동입니다. 고객을 감동시키면 우리 제품을 살 수밖에 없지요. 고객을 감동시키는 일은 사장 혼자 할 수 없고, 직원들이 함께together 노력해야 가능한 일입니다. 그러려면 우선 먼저 우리 회사의 직원들이 幸福행복해야 합니다. 직원이 화나면 고객을 감동시킬 수 없습니다."

임시직
잠시 동안 맡아 하는 일

정규직
정해진 기간 없이 고용이 보장되는 일

유토피아
모든 것을 갖춘 완전한 사회. 이상향

이 회사는 직원을 행복하게 만드는 데 **最優先**최우선 순위를 두고 있습니다. 임시직은 단 한 명도 없고 전 사원이 모두 정규직 사원입니다. 그래서 차별로 인한 **不滿**불만이 하나도 없습니다. 정년은 다른 회사보다 훨씬 더 긴 70세이고요, 여자woman 직원들을 배려하여 육아 휴직이 3년이나 됩니다. 또한 연간 140일의 휴일을 보낼 수 있고, 5년에 한 번씩 **海外**해외 여행 등을 이용하여 견문도 넓히게 하고 있지요. 그러니 미라이 공업이 '샐러리맨들의 유토피아'라고 불리는 것도 당연합니다.

이 회사는 창립 이래 **赤字**적자가 난 적이 한 번도 없고, 연평균 경상 이익률을 15% 달성하고 있다고 하네요.

야마다 아키오 사장은 냉정한 **實力**실력 위주의 승진 제도를 비웃기라도 하듯 선풍기 바람wind으로 직원들의 이름name을 적은 종이를 날려 승진시키는 괴짜 사장입니다.

그는 **月給**월급에 불만이 있는 직원이 자기 일에 최선을 다하지 않는 것은 당연하다고 말합니다.

"회사가 어렵다고 죽는 시늉을 하면서 직원들의 월급은 적게 주고 사장이 가장 많은 월급을 가져간다면, 어느 직원이 열심히 일하겠습니까? 화가 난 직원들은 제대로 일하지 않을 것입니다. 이것은 나쁜 것이 아니라 당연한 人間인간의 마음입니다."

미라이 공업이 정규직 100%를 지키는 이유reason 역시 인간을 존중하는 마음에서 비롯되었습니다.

"일은 똑같이 하는데 월급은 절반, 보너스bonus는 10%만 준다면 어느 비정규직 사원이 회사를 위해, 제품 생산을 위해 몸을 바쳐 일하겠습니까? 이것은 어려운 문제가 아닙니다. 立場입장을 바꾸어 생각해 본다면 금세 답이 나오는 일입니다."

잔업*이 없고 休日휴일 근무가 없는 회사, 비정규직이 없고 정리해고도 없고, 꼭 달성해야 할 의무적인 업무 목표도 없는 회사. 일반적인 기준으로 본다면 곧 망해서 없어질 것 같은 條件조건은 다 갖추었는데 오히려 그 반대로 승승장구*하고 있습니다.

잔업
정해진 노동 시간 외의 노동

미라이 공업은 연간 1만 8천 가지의 아이디어idea 상품을 개발하고 있는데 이 가운데 90%가 特許특허 상품이라고 합니다. 행복한 직원들에게서 훌륭한 아이디어가 나오는 것은 지극히 당연한 일이겠지요?

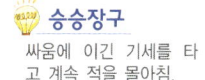
승승장구
싸움에 이긴 기세를 타고 계속 적을 몰아침.

직원이 화나면 고객을 감동시킬 수 없지요 181

알아두면 굿, 굿!

회사의 이익에 급급해 직원들의 월급을 깎고, 임시직을 늘리는 방법으로 나가는 돈을 줄이는 회사들이 지혜롭게 회사를 경영하고 있는 것일까요?

짧게 보면 그럴지도 모릅니다. 그러나 길게 보면 그렇지 않다는 것을 알게 됩니다. 결국 일은 기계가 아닌 마음을 가진 사람이 하는 것이기 때문이지요. 지금 당장은 이익이 없는 것 같아도 사람을 배려하고 존중하는 회사가 더 발전할 수 있다는 것을 알아야 합니다.

엮은이_김이리

건국대학교 국어국문학과를 졸업하고 소설가, 극작가, 출판 기획자로 활동하고 계십니다. 크리스천 신문, 주부생활 소설 공모에 당선하셨고, 창작 동화집 〈반장 선거〉〈꼬마 철학자〉등을 비롯하여 논술 학습, 과학 동화, 전래 동화, 위인 전기, 우리 고전 등 어린이를 위한 책을 쓰셨습니다.

그린이_이경진

1979년 전남 여수에서 태어나 전남대학교 미술교육과를 졸업하셨습니다. 어린이 미술 지도 선생님, 프리랜서 일러스트레이터로 활동하시며, 어린이들에게 꿈과 희망과 사랑을 듬뿍 전해 주고 계십니다. 〈3·4학년이 꼭 읽어야 할 동시집〉〈수수께끼&추리백과〉등의 책에 그림을 그리셨습니다.

2011년 8월 20일 초판 1쇄 인쇄
2011년 8월 25일 초판 1쇄 발행

엮은이 | 김이리
그린이 | 이경진

편집책임 | 육은숙
편집 | 박수진
디자인 | 신우진

펴낸이 | 이미례
펴낸곳 | (주)학은미디어
주소 | 서울 영등포구 문래동 3가 82-29 우리벤처타운 903호
전화 | (02)2632-0135~7 팩스 | (02)2632-0151
등록 번호 | 제13-673호   ⓒ (주)학은미디어, 2011

ISBN 978-89-8140-397-3   73800
＊잘못된 책은 바꾸어 드립니다.